元瓷新鉴

YUAN CI XIN JIAN

⊙砚鸿／著

内蒙古人民出版社

【元瓷新鉴】

圖書在版編目(CIP)數據
元瓷新鑒 / 硯鴻編著 . ——呼和浩特：內蒙古人民出版社，2000.12
ISBN 7-204-05521-7

Ⅰ.元... Ⅱ.硯... Ⅲ.瓷器(考古)－研究－中國－元代 Ⅳ.K876.34
中國版本圖書館CIP數據核字（2000）第86643號

【元 瓷 新 鑒】

著者／硯鴻
責任編輯／蘇華
裝幀設計／馬東原
美術策劃／陳偉　雷青
攝影／王蛟立
出版發行／內蒙古人民出版社
（內蒙古呼和浩特市新城西街20號）
印刷／精一印刷(深圳)有限公司
開本／880 × 1230　1/16
印張／16.5
字數／80千字
彩圖／165幅
版次／二〇〇〇年十二月第一版
印刷／二〇〇〇年十二月第一次印刷
印數／1－6000册
書號／ISBN 7-204-05521-7／J·308
定價／¥600.00元

【目録】

【内蒙古上元民族艺术博物馆藏瓷】

【序】

序

【瓷藏館物博術藝族民元上古蒙內】

本書從成稿付印到和廣大讀者見面，其中艱難曲折頗多。前後醞釀拖延了近五年時間，作者原書稿的文字部分，曾達二十餘萬字，後數易其稿，越深入寫作越感到難以面面俱到，其後作者決定原著書稿的大部分暫不刊出，衹選擇其中的幾個研究觀點面世，并配以若干圖版成書，其目的實為拋磚引玉，以期引起陶瓷界同仁和廣大陶瓷愛好者共同研究中國陶瓷史中若干盲點問題的興趣。

中國陶瓷史是中華民族燦爛文化史中的一朵奇葩，長期以來，對中國陶瓷的研究，既有先哲大師們的宏篇巨著，也有名不見經傳晚學之輩的灼見。特別是近年來，有關陶瓷研究的專著屢屢面世，百家爭鳴，百花齊放，一片春意盎然，使人欣慰。作者硯鴻的《元瓷新鑒》此時出版發行，可謂是萬花叢中一點紅，從某種角度講，具有很特殊的寓意，藉此機會，簡談點感想，權作序言吧。

《元瓷新鑒》這部書稿，余研讀多遍，煞是驚異，書中的許多觀點新穎、大膽，很多提法與現今傳統的觀點相悖。如作者認為，名揚世界的元青花瓷及青花五彩瓷創燒於元早期即蒙元時期的北方磁州窯系。換句話說，元早期北方磁州窯系是元代青花瓷的始作俑者，真是新奇，此說法擬要改寫一段中國陶瓷史，於史於實有何依據，有窯址發現嗎？有出土報告嗎？此提法誰能相信呢？搞學術研究首先要有嚴肅的態度，嚴謹的立論。帶着這些問題，余與作者進行了多次研討，但終被作者以大量可靠的實物，嶄新的研究方法所折服，按常規的研究方法，多數要以窯址考察及出土報告為藍本。可作者在這一領域的研究，卻獨闢蹊徑，以其雄厚紮實的理論功底，從蒙元一朝的社會環境，地域文化，特別是從當時的政治、軍事、經濟形勢入手，深入廣泛的分析研究，再加之大量來源可靠的實物，在此基礎上得出的結論又怎能輕言其提法不嚴肅或立論不嚴謹呢？現在海外有很多家博物館藏有中國古陶瓷，有些甚至是被公認的曠世珍品。但他們大都沒有窯址考察或出土地點的報告。沒有這些條件也不能說人家的藏品就靠不住。中華泱泱大國，歷史文化源远流長，現在未被我們發現，未被我們所知的秘密有多少？沒見過的事情不等於不存在。衆所周知，就元代青花瓷而言，如果沒有約翰·亞歷山大·波普先生的研究成果，那麼，“至正型”青花瓷何以揚名世界。

還有元代瓷器的銘款問題，現在通常認為，元代沒有銘帝王紀年款的瓷器。在《元瓷新鑒》中，作者列舉了若干件可靠實物，證明元代銘帝王紀年款的瓷器是存在的。不僅磁州窯系有，而且景德鎮青花瓷及藍釉、紅釉瓷也有。對此問題的認識，孰真孰假，有待於仁者見仁，智者見智吧。

再者現在陶瓷真偽的鑒定問題，衆口不一，一件器物，此說真，彼說假，真假難辨，彼此說法各有其理，怎麼辨呢，余認為是金子總會發光的，大風起兮，吹盡黃沙始見金。

上述所言是在深入研讀作者書稿後有感而發，十幾年來，余與作者深入荒野戈

【瓷藏館物博術藝族民元上古蒙内】

壁，崇山峻嶺，大漠草原，風餐露宿，考察遺址，走訪鄉民，親見被沙塵吹露的窯藏，被洪水冲毁的遺址，采集了大量珍貴標本及實物。很是感慨，很多地區連性能優良的越野車都難通過，千里戈壁，無際黃沙，礙於干旱及沙塵，飛禽走獸亦稀，從這裏得到的器物何來假說，且本人自幼生長在元上都遣址内，幾十年的親歷經驗更難置疑。鑒於此，余對作者著作問世後，所產生的研究價值持樂觀態度。

近又聞知，作者所在的内蒙古上元民族藝術博物館又斥巨資移體易地保護塞外古城呼和浩特市明清兩朝古建築物千餘間，其氣魄之大，意義之深遠，使人嘆服。願此等有識之士更多些，誠乃國家民族文化事業之幸事。

是為序。

蘇　赫

二〇〇〇年十月於呼和浩特

【内蒙古上元民族藝術博物館藏瓷】

【内容評介】

本書文字近八萬，彩圖一百五十餘幅，由内蒙古人民出版社出版，全國發行。作者硯鴻先生積多年來研究、收藏元代瓷器之心得，歷經五載，遍訪國内著名的元瓷研究專家學者，虛心求教，厚積薄發，獨辟蹊徑，推陳出新，終於完成了這部專題著作。

本書在編寫過程中，參閲了大量的資

内容評介

【内蒙古上元民族藝術博物館藏瓷】

【瓷藏館物博術藝族民元上古蒙内】

料，著錄的一百五十六件元代瓷器以及元瓷片標本，均為硯鴻先生創辦的“内蒙古上元民族藝術博物館”藏品。全書收錄的元代瓷器，按照博物館藏品中瓷器類别的分類法，以窯址為系統予以介紹。其中，北方地區的磁州窯系六十六件，南方地區景德鎮窯八十件，其他參考品十件。這些元代瓷器及有關標本，對於研究我國蒙元時期的歷史、經濟、政治、軍事和民族關係，東西方交往以及工藝美術史等方面，提供了珍貴的實物資料。

元朝是我國歷史上一個空前繁榮盛大的統一的封建王朝。同時，元朝也是一個由蒙古人統治的開放性社會，其中外交通、海外貿易都非常發達。當時社會秩序比較穩定，商貿往來方便，手工業生産十分繁榮。

元朝統治者歷代皆重視官府手工業，在向外擴張的戰爭中，他們把大批被俘獲的各族工匠集中起來，生産武器和日用品。早在蒙古人統一中原的前一年即元世祖至元十五年（公元一二七八年），即在江西景德鎮設置“浮梁瓷局”，由官府掌管燒造瓷器。由於統治階級的愛好，加之擁有充足的人力，物力和物質材料，使元代的瓷器制造水平達到了相當的高度。元代瓷器制造業，在近一個世紀的歲月中，通過無數能工巧匠的艱辛創造，較之前代取得了重大的突破。尤其是景德鎮的青花、釉裏紅、卵白釉、藍釉、紅釉的出現。在世界藝術品生産上創造了令人嘆為觀止的輝煌成果，當時即深受西亞和歐洲人士的喜愛。在北方地區，以磁州窯白地褐花為特色的瓷器，受到了各階層人士的歡迎。終元一代，今内蒙古地區為蒙古統治者的“腹裏”即其統治重點區域，元上都在當時是全世界最繁榮的大都會之一，每年春夏，蒙古大汗率領百官在此游獵，并會見各國使者，處理朝政，厚賞衆臣。此外，在今内蒙古的元代著名城邑如應昌路、集寧路、德寧路、亦集乃路等重要城邑，均住有許多蒙古貴族和富商巨賈。近年來，在内蒙古元代城鎮遺址和廣闊的草原戈壁地區，或有元瓷被民間人士發現，或有傳世元瓷在拍賣會上亮相，為了保護和徵集這些珍貴文物，經内蒙古上元民族藝術博物館以及硯鴻先生多方奔走，上下求索，終於在保護研究的基礎上，完成了這部《元瓷新鑒》，實為回報社會，促進内蒙古文化事業的善舉。

本書内容豐富，題材新穎，圖文并茂，有些觀點突破了以往學術界和元瓷鑒定界的觀點。但其“窮古今之變，成一家之言”的風格，將對營造學術界“百花齊放，百家爭鳴”的民主氛圍，産生積極的作用。為此，希望讀者朋友以平常的心境來品味和評價這本《元瓷新鑒》。

伊洛識於二〇〇〇年十二月

【前 言】

前　言

【內蒙古上元民族藝術博物館藏瓷】

【瓷藏館物博術藝族民元上古蒙內】

以內蒙古上元民族藝術博物館藏瓷為基礎，由我編著的《元瓷新鑒》一書，是為了迎接我館即將開館而出版的首冊圖書。本書所錄藏品是我館多年辛勤奔波的結晶，現將其披露於世，實為回報於社會之舉。

本書所涉及的一百五十六件瓷器及附錄的元代瓷器殘片基本上是來源於廣袤的內蒙古草原，從大興安嶺、科爾沁、錫林郭勒、烏蘭察布到鄂爾多斯草原、阿拉善戈壁等衆多元代遺址上，均留下我等探索的足蹟。這裏既有成吉思汗、忽必烈等終蒙元一朝歷代蒙古帝王的稱汗之地；也有蒙元歷代皇親國戚的分封城邑。我館的棲身之地——內蒙古草原，一直是游牧馬背民族的歷史搖籃，出現在中國歷史上的大多數游牧馬背民族：鮮卑人、契丹人、女真人、蒙古人都是在這裏度過他們歷史上的青春時代後走向中原大地，有鑒於此，在祖國遼闊的土地上，深邃博大的內蒙古草原，無疑包涵着許多歷史的秘密，等待後人去破解。而我正是沿着這些歷史上的遺蹟，做一些力所能及的探索工作。

本書藏品主要分為兩大類，一是元代早期磁州窯系藏品，這些藏品又可分為三類（詳細見後）。就元代早期磁州窯系的產品而言，它們與中原地區出土的元代磁州窯系產品有明顯的區別，因此我認為本書所推出的磁州窯系藏品的出產地（或窯址）就在蒙古草原上，這個觀點有待以後考古工作的進一步證實；二是元代景德鎮窯的藏品，這些藏品又分四類（詳細見後）。就我館藏品而言，本書所推出的器物不乏有空前的藝術珍品，既有國內外首次見錄的銘帝王紀年款瓷；也有器形碩大、造型獨特的瓷器。綜上所述，本書所錄的一百五十六件瓷器中，其總體風格既有草原的坦蕩氣魄，也有江南的精巧秀麗，還有波斯與遥遠海洋的奇異激昂。

我館幾位籌備人員（包括作者本人），都是瓷器領域的晚學之輩。本書的許多立論觀點均來源於我對藏品自身的研究，不當之處敬請各界同仁批評、指正。

作　者

【磁州窑】

就展品[1-66]而言，從胎釉、造型、工藝、繪風等角度觀察，多係元代早期作品，從釉料角度進行分類，大致可分為三類：一、元代早期磁州窯系風格的作品；二、元代早期釉下青花磁州窯系的作品；三、元代早期釉下青花五彩磁州窯系的作品。我認為，我國元代青花瓷的新紀元，應該是由磁州窯系開創的，以至明代青花五彩瓷的奠基者也是元朝早期磁州窯所為。從本冊圖錄所示的器物出發，不由自主地得出以上結論，真有一種奇特的感覺。

磁州窯

【內蒙古上元民族藝術博物館藏瓷】

【瓷藏館物博術藝族民元上古蒙內】

據歷史記載，在蒙古國窩闊臺汗時，一二三四年初，金哀宗在蔡州自殺，金亡。窩闊臺攻滅金朝後，全部占領了金朝統治下的廣大北方地區，這裏居住着衆多的漢人和漢化的女真人、契丹人，同時也存在着發達的農業及手工業。於是窩闊臺起用耶律楚材等金降臣和漢族地主武裝的首領，改變了以往屠殺擄掠的征服方式，在金朝舊地逐步建立起新的統治秩序(1)。

根據近年來磁州窯址不斷出土情況看，我覺得，磁州窯系有如一條龐然巨龍在祖國廣大的地域上遊走，實際上它并沒有一個固定的地點，今天所知的磁州窯場，分布於河南、河北、山東、山西、江西、安徽、浙江等地。這是北宋與南宋期間的情況。到了金代，北方各窯的製作又再度恢復，其中有河北磁縣的觀臺窯及山東淄博的磁村(2)。

馮先銘先生認為，“磁州窯在今河北省磁縣，以地屬磁州而得名，是宋代北方民間瓷窯之一，所燒瓷器供鄰近地區人民使用，由於民間色彩濃鬱，不為士大夫階層賞識，因此宋代文獻不見記載，直到明初《格古要論》一書中才提到它，此後記載磁州窯的逐漸增多，但多數帶有士大夫或文人的偏見，對磁州窯的評論是不公允的”。同時他還認為，“磁州窯是宋金時期北方地區形成的一個窯系，并沿續到元代”(3)。

“對於磁州窯的燒製成就，它的工藝特點，明朝也未見詳細的介紹，即使是到了清代末期瓷書中描述的也較為簡單，加上傳世品的少見，因此長期以來人們一直不大了解磁州窯的全貌”。“我們知道磁州窯系的器物不像宋代「五大名窯」那樣被歷代所傳，而僅僅是本世紀三十年代之後才逐漸被人們了解和發現的”(4)。

綜上所述，結合展品[1-66]，我的結論是：一、從歷史背景角度理解，從一二三四年，蒙古滅金若干年後，北方磁州窯系就開始恢復生產，至少在一二七六年南宋恭宗降元的四十餘年間就生產了風格獨異具有元早期時代特徵的大量器物；二、還是從歷史背景角度出發，從一二三四年至一三零七年間的蒙元時期在磁州窯系就已生產出精美的帶有元代早期風格的釉下青花瓷器；三、也就在上述時間磁州窯系同時也生產出了釉下青花五彩瓷器。

縱觀展品[1-66]共性特徵是：一、胎土較粗，呈灰、灰白、黑、褐黃等色，底足無釉、圈足較工整。有些器物底足還塗有黑彩料；二、胎體上施一層白色化妝土，用筆沾料在化妝土上作畫，再罩一層釉燒製而成。由於胎土較粗，施上化妝土後燒成的緣故，一般在釉下會形成細碎形狀的開片；三、器型介於宋、遼金、元之間，既有宋、遼金風格又有元貌；四、彩繪紋飾風格也介

於宋、遼金、元之間，既有宋代圖案的簡潔明快，也有遼金元畫風的奔放與多樣性；五、就工藝表現形式而言，有模印、刻紋、堆貼、剔花等裝飾手法。

展品[1]外罩白色釉、缸內施醬色釉繪成海水紋、通高39.5公分，屬大件器物，胎體較輕；展品[2]屬製作工藝難度較大的瓜形罐，兩耳銘刻有“府”字，胎體厚重；展品[3]是兩隻用堆貼工藝製作的醬色盤羊，早在公元前的商代青銅器上就出現了羊頭形(犧首)，是舉行祭祖儀式之用，這一對盤羊可能也是祭祀用品。另外，在羊蹄上還刻有製作工匠的銘文；展品[4]是一個直徑達23.6公分的大碗，孔雀綠的地子上用黑彩繪有雲紋及海水紋；對比展品[5-10]六個纏枝花卉罐可以發現宋遼之畫風的繼承性和元代豪放不羈的繪製風格，六件展品有黑地紅花、醬地白花、黑地白花、白地黑花，表現手法可謂之妙。其中[5][7]是高35公分的大器。展品[6]牡丹紋飾使人聯想到它與至正型青花牡丹紋之間的關係。展品[11-15]是一組繪製人物風格的作品。其中，展品[11-12]的嬰戲圖與嬰提坐蓮瓣手舉蓮花的可愛樣子，從服飾及面部特徵上看顯然是北方游牧民族。展品[13]是一組人物像，有明顯北方草原馬背民族特徵的髮飾，似乎是騎馬狀，這類作品也应是祭祀用品。展品[14]三面開光分别繪製元宋人物騎馬花卉圖，其中着蒙古服飾的人信馬由繮的樣子與穿宋朝官服的人物騎馬急馳的姿態，使我們聯想到至正型青花昭君出塞圖，這種以人物故事為背景的瓷面繪畫風格早在蒙元時期就已經成熟了。展品[14]是一個高29公分、腹直徑35公分短粗型的大器；展品[15]是兩隻風格相同的兩系執壺，這裏出現的朵雲及鳳紋又使我們聯想到至正型青花相似的紋飾。另外，展品[12]、[14]、[15]的裝飾風格也使我們聯想到至正型青花的相似手法；展品[16-19]是一組纏枝剔花卉的作品，其中[16-18]醬地剔白花卉，[19]是白地剔黑花卉；展品[20-30]是一組描繪瑞禽獸圖案的作品，其中[20-21]又使我們聯想到至正型青花的“蓮池鴛鴦圖”和“蓮池魚藻圖”，特别是[21]的造型，它使我們看到了元代藏傳佛教舍利子塔建築風格的影子。在[29]中又使我們感覺到晉唐製瓷風格的承沿關係；展品[31]纏枝紋與至正型青花纏枝紋的葫蘆葉已經相近了。

展品[32-45]是一批磁州窯系釉下青花的作品，提起青花瓷不由地想到青花源於何時，近幾十年來有關這方面的觀點不斷地得到修正，最早的說法是青花始於宋代。這是民國時吳仁敬、辛安潮合編的《中

國陶瓷史》最先提出的觀點，五十年代以後，由於大量實物的出土，證實宋代已經有了青花瓷，而後由於唐代青花瓷片的出土，理論界很快斷定唐代就已經出現了青花瓷[5]。經科學測試，唐代青花所用鈷料從國外進口，特徵是鈷料中含鐵量高，含錳的成份少，且含有鉀。用進口鈷料繪製的圖

元人形容其時"適千里者如在戶庭、之萬里者如出鄰家"，足見交通之便。元朝政府允許和鼓勵各國商人在境內經商或經營國際貿易，蒙古貴族且利用回回商人為之牟利，給予種種特權，因而各國商人來華者極多[7]。根據史書記載，一二三四年，蒙古滅金時，西征的蒙古軍基本上已征服波斯全境[8]。一

案，青花色澤濃艷，藍中透綠，有黑色結晶斑。據說進口的鈷料來源可能有如下地區：伊朗、阿富汗、阿拉伯地區、印度、埃及、西亞地中海沿岸。宋代青花瓷所用鈷料則為浙江當地所產，含錳的成份高，含鐵的成份低，因此宋代青花發色顯得灰暗。元朝從忽必烈正式建國號為大元（一二七一年十一月）起，這個朝代僅存世九十多年，儘管這個王朝存世較短，但它歷史地位的特殊重要性是不容置疑的。自唐朝中葉開始出現的分裂局面（先是南詔自立，繼而藩鎮割據），歷五代、遼、宋、西夏、金時期幾個政權并存狀況，持續達五百多年。至元朝，不僅結束了長期南北分裂，且實現了包括遼東、漠北、西域、吐蕃、雲南等地區的大統一，幅員之廣超過漢、唐[6]。同時，元朝是中國歷史上對外關係發展的極盛時代，傳統的陸地、海路交通範圍比前代擴大，來往也更頻繁。由於蒙古統治者的勢力擴展，其統治地域西達到黑海南北和波斯地區。在這個遼闊境域之內，從前的此疆彼界盡被掃除，元朝與欽察汗國，伊利汗國有驛路相通。

二五三年忽必烈汗命其弟旭烈兀統大軍西征，旭烈兀首先於一二五六年滅了伊斯蘭教亦思馬因派的木剌夷國，然後於一二五八年二月攻下了黑衣大食的都城（今巴格達）。當時巴格達是黑衣大食的首都，也是整個伊斯蘭教世界的都城。它地處東西交通的要道，又是繁榮的商業城市[9]。從十三世紀開始至元朝建立前的六十多年來，"這個時期蒙古地區的手工業特點，是官手工業的突出發展。蒙古統治者特別重視工匠，在掠奪戰爭中對工匠俘而不殺，把他們挑選出來移集到後方製作武器和其他用品，戰爭停止後又采取拘括辦法，把各族工匠集中起來進行手工業生產"[10]，當時漠北蒙古早期的首都和林(故址在今蒙古國內鄂爾渾河上游東岸哈爾和林)。就是手工匠集中的地方，有一整條街都住着匠民。"據考古發掘的報導，僅和林一地就曾發現過十座冶煉爐和大量金屬製作品，當地燒造的瓷器也被大量發現，其中多有從事燒製的漢族工匠的題名"[11]。當時"官手工業是專為製造武器、軍事裝備和貴族享用的

奢侈品而興盛起來的，它不是商品化的生產，產品也沒有在社會上流通，儘管有很高的製造水平，但對民間手工業技術的改進，影響不大"[12]。據史書記載，一二三四年窩闊臺滅金時，從中原俘擄大批漢人工匠帶回蒙古草原。"一二三五年窩闊臺汗修築城垣，建造以萬安閣為中心的宮殿，又令諸王在皇宮四周興建府邸。以後歷年增建，據蒙哥汗時代親歷此城的西方旅行家描述，這個城市頗具規模，城內有各族商人聚集的回回街，有漢族工匠聚居的漢人街，有若干所衙署、十二座佛寺、兩所清真寺、一所基督教堂"[13]。"在忽必烈汗遷都以前，和林是各國使臣、中外商人、工匠、各種宗教人士輻凑之地，當時蒙古的政治、經濟、文化中心"[14]。"一二五六年（蒙哥汗六年），在劉秉忠的籌劃下，在桓州東灤水北修築城廓宮室。經過三年的營建，修起一個新的城市，定名開平（今內蒙古正藍旗東）。忽必烈繼位并定都大都後，改開平為上都，作為每年夏初至秋末常駐的夏都"[15]。歷史文獻記載，上都城周長近九公里，城分為宮城，皇城和外城三重。外城是市街區，僅就《元史》所載統計，區內有大小官署六十所，手工藝管理機構和廠局一百二十餘處，佛寺一百六十餘座，以及孔廟、道觀、城隍廟、三皇廟、回回寺等各種宗教寺院。還有鱗次櫛比的商肆，達官和平民的住宅等等。上都的交通四通八達，南有四條驛道通大都，北通和林，東通遼陽行省，西經豐州、寧夏、河西走廊通中亞。上都不僅是蒙古地區最大的城市，同時也是僅次於大都的政治中心。"忽必烈曾於公元一二七四年夏天，在此接見馬可波羅父子"。現今該城宮殿已毀，祇留下漢白玉殘件和建築高臺。《馬可波羅游記》對宮城的豪華壯麗曾描寫道："內有一個大理石的宮殿，甚美，有房舍內皆塗金，繪種種鳥獸花木，工巧之極，技術之佳，見之足以娛人心目"[16]。

也許是歷史給我們開了一個小小玩笑，"在清宮的舊藏品中竟沒有一件元代青花瓷的傳世品。現存的清宮舊藏品中既有宋代五大名窯的貢品，也有明清兩代各類御用器，唯獨沒有元代的青花瓷器"[17]。多虧了約翰·亞歷山大·波普博士的研究，他於一九五二年發表了《十四世紀青花瓷器：伊斯坦布爾托布卡普博物館所藏一組中國瓷器》，一九五六年他又出版了《阿德比爾寺所藏中國瓷器》，後來他把這類青花瓷定為"至正型"，作為典型的元青花瓷。也正是由於波普博士的貢獻，使我們在近幾十年才知道，除首推宋，上溯可至漢唐，下屬明清瓷之外，還有其歷史和文化價值足以和明清精品青花瓷器相媲美的元代青花瓷。那麼元青花是什麼時候創燒的？目前發現最早的元青花是一九七八年在杭州至元丙子紀年墓出土的三件觀音像，現藏杭州南宋官窯博物館。元代有兩個至元年號，即一二

【內蒙古上元民族藝術博物館藏瓷】

七六年及一三三六年，一般認為以後至元（一三三六年）較符合元青花發展時期。但馮先銘先生認為由此紀年墓出土的種種蹟象及觀音像的自然描繪應為一二七六年[18]。從展品[32-66]進行觀察，我認為，在一二三四年至一三零七年間的蒙元時期，不但有展品[1-31]精美的磁州窯作品，還有展品[32-66]釉下青花瓷、紅綠彩瓷及釉下青花五彩瓷。這是由於：一、在一二三四年蒙古國滅金後就具備從波斯進口鈷料的歷史背景及地域條件；二、蒙古滅金後北方大批製瓷工匠的俘而不殺而用之的政策，熟練製瓷工匠創造性的發揮；三、歷經遼宋金三百年磁州窯在瓷胎上作畫獨特風格的繼承又使之發揚光大的可能；四、此時官手工業之發達又為以上三個因素創造了必要的環境條件。祇是由於缺乏窯址的考察才使上述認定缺少直接的證據，但胎釉、鈷料、繪製風格、器形特徵等間接依據不斷地提示，才使我們有以上之認定。

展品[32]之雲龍圖案黑彩青花罐，在白色的化妝土上用黑料與鈷料混合繪製圖案，然後上釉燒製而成。點點的鈷料顯示青花色彩濃艷，并有殺胎痕蹟，係進口鈷料。胎與釉結合不好，有幾處釉脫落。龍紋獨特，嘴張似鰐魚狀，并有兩條長鬚，雙目凸起，身體隱在雲中，尾似火焰，爪為五爪，整個龍形凶猛粗壯，雲紋下拖拽尾巴，從器形上看有遼金風韵；展品[33-34]與[32]用料方式相同，即黑料與鈷料混合運用，屬釉下彩。鈷料色彩鮮艷，有殺胎痕，係進口鈷料特徵。展品[33]器高38公分，胎釉結合不好，多處有脫釉現象，該梅瓶屬修長型，帶有明顯的遼宋風格，相同器物梅瓶可比較展品[19][26][30]及[66]。展品[33-34]與[44]繪製風格較接近遼金，像此種筆描作圖的手法，可以感覺到是在有速度、有氣勢的運筆之中完成，其繪畫之妙趣可見匠人熟練的功夫；展品[35-37]感覺好像是試驗品，不同的器物在化妝土上是鈷料與黑料、醬色、紅色等多種料混合，用類似唐三彩的施料方法隨意塗抹，再罩上一層釉燒制而成，鈷料明顯進口料，其濃艷處顯見鐵銹斑；展品[38]是一個精製的帶蓋小提梁壺，身高僅11公分，其中提梁部分就占6公分，灰白胎，鈷料運用成功，竟有寶石藍的效果，壺內醬色釉、圈足無釉；展品[39]青花濃重處有鐵銹斑痕蹟，好像是樹與花卉、蜜蜂圖，暈散效果明顯；展品[40]是一對繪有折枝花卉的小盤，青花濃艷處有大塊的鐵銹斑。展品[41]是一個繪有蓮花的蓋盒，盒內施醬釉，青花色濃艷有暈散。最為奇異的是，蓋上繪有銜花夔龍，這種受印度佛教影響的口吐蓮花的怪獸龍，是明代成化瓷中的名器。由此可見磁州窯系對元、明青花的影響程度之深！；展品[42-43]是兩個大器，身高47公分，器形類似橄欖，無論器形還是繪製風格都明顯帶遼宋遺風，尤其纏枝蔓草紋，在遼宋的簡潔性基礎上增添了豪放的韵味。青花濃艷，有明顯鐵銹斑，採用分段接胎工藝，接痕明顯；展品[44]是分別用青花與黑醬彩繪製圖案的四系罐，其中青花色澤濃艷，有鐵銹斑；展品[45]是一組用青花標有“春”、“夏”、“秋”、“冬”四季碗。青花色澤鮮艷，顯鐵銹斑。

如果說展品[32-45]曾經讓我們驚異的話，那麼下組展品[46-66]則更令我們茫然，榴及花草紋，折枝牡丹紋及嬰戲圖；展品[56]是一個直徑有21.5公分豉釘鉢，器內繪有瑞獸及雲紋；展品[57]是一個釉下青花釉上繪有褐黃彩的盤；展品[58]是釉下青花釉上紅彩的小型執壺；展品[59-61]是一組明顯北方草原馬背民族髮飾的人物器，其中[59]是一個能吹響的哨子，全身有黑、紅、

展品[57-66]是一組釉下青花釉上彩繪的作品，亦可稱之為青花五彩的器物。按照《中國文物精華大辭典》的解釋是：五彩，“明清彩瓷的一種。可分為釉上五彩和青花五彩兩種……。青花五彩是運用釉下青花和釉上多種色彩相結合，裝飾瓷品畫面，一般以紅、黃、綠、紫及釉下青花為五種主要色彩。這種五彩瓷器較早的實物資料是西藏薩迦寺藏一件明宣德青花五彩鴛鴦卧蓮紋碗”[19]。現有資料證明，釉上彩瓷最早出現於遼宋、金時代的磁州窯，元代景德鎮則在優質瓷器胎上燒製成功了孔雀綠釉金彩及孔雀綠釉釉下青花的新品種。同時也有實物顯示景德鎮在元代就燒製了釉上彩瓷，并推斷景德鎮元釉上彩是在磁州窯彩瓷的基礎上發展起來的[20]。

展品[46-50]是一組遼金元時代彩色釉陶器，有孔雀藍、孔雀綠、紅綠彩、孔雀藍地黑彩等，其中展品[50]是一個高26公分，腹直徑32公分的腹周堆塑有虎頭的大器；展品[51-55]是一組遼金紅綠彩瓷，其中[51-52]是黃白色胎，分別繪有石榴、游魚及花草紋。[53-55]是灰黑胎，分別繪有石

綠三色；[60]是一對人物坐像，全身裝飾有釉下青花、綠彩、釉上黑、黃兩色，男性生殖器塗有醬彩。展品[61]是帶有宗教色彩，身高23公分的頭像。釉下青花色澤濃艷，成塊鐵銹斑，釉上綠彩鮮艷，黑彩殺胎痕明顯，紅彩似輕輕塗飾。以上這組器物無疑應是宗教法器和祭祀品；展品[62]是一個胎釉結合不好，釉層明顯脫落的雙系執壺，釉下青花濃艷，釉上還有紅、淺綠、孔雀綠等三色；展品[63]是一個高9公分，直徑20公分的大碗，孔雀綠釉下青花顯見鐵銹斑，紅彩繪有鶴與雲朵；展品[64]是一個嘴呈雞頭形的執壺，把器物作成雞頭形早在晉唐就出現了，遼代比較盛行。這件器物在承沿歷史的基礎上又有所創新，在執柄上端還雕刻有龍首狀。釉下青花濃艷，釉上有綠、醬、黑等色。就器形而言可比較展品[29]；展品[65]是一個足部較矮，足底外撇，呈喇叭狀的高足碗。它與一般高足碗不同的是，碗心伸出類似大拇指狀的長圓形物，且碗心與底足有小孔相通，當倒滿水後即從底足小孔不斷漏出，直至碗底的小部分水不漏。這種器物當時具有何種用途說法不一，本人認

為是某種祭祀用品。該器物高8公分，其中足部衹有2.5公分，碗沿直徑8公分。釉下青花綠彩、釉上紅彩；展品[66]是一件高42公分的梅瓶，係修長秀美之造型，可與展品[19][26][30][33]相比較具有典型遼宋之梅瓶的風韵；彩繪紋飾八層，構圖飽滿，釉下青花五層，青花呈色濃艷，并帶有黑褐色鐵銹斑，應是進口的“蘇尼勃青”料。肩部纏枝菊花與展品[9][42][43]比較是相同的手法。腹部紅彩牡丹與至正型青花牡丹有十分相似的特徵。綠彩纏枝紋與展品[7][8][19][23][28]相比較是相同的具有遼宋規範性的風格；在紅綠彩的紋樣上留有細小的顆粒狀。説明彩粒的研磨不夠精細；采用分段接胎工藝、横向粘接痕明顯；底足無釉并沾有一塊釉斑，灰胎顯土紅色，露胎處有黑、褐、黄色雜質點。底足修胎不工整，手工削胎痕明顯，内牆略斜削，釉色牙白，由於化妝土的缘故有細碎開片，釉面隨見黑色斑點。綜上所述，這件器物顯然是既有遼宋風格又有元貌的元代早期作品。

【瓷藏館物博術藝族民元上古蒙内】

一個偶然的機會，作者於近年在内蒙古、河北、北京等地的文物市場上，發現元代磁州窯系青花五彩瓷仿品出現。這些仿品的售價僅幾十元或百元人民幣就可買到，説明無論是作僞者還是出售者竟不知仿造品是何物？為了方便説明問題，本書也把仿品列入展品，見展品[148-150]。同時簡要説明如下：一、磁州窯系青花五彩瓷基本上不可能有傳世品，應該是出土之物。幾百年地下土浸的痕蹟是無法仿製的；二、判别磁州窯系青花五彩瓷應遵循磁州窯系的一般特徵，如胎土粗、化妝土、釉下開片、白地黑花、牙白色等等。除此之外要特别注意釉下開片的特徵，就筆者所見一般有以下特徵：第一，釉下化妝土的開片自然不規則狀（或細碎狀）。像是打破玻璃但未碎狀的樣子；第二，釉下開片呈細碎鐵綫狀，説明化妝土在高溫中燒裂後顯示黑色胎土，形成黑綫與牙白色交錯狀；三、從用料特徵上分析。如元代磁州窯青花五彩的青花，它用的是進口鈷料，這是無法再造的特徵；還如，無論是紅、綠、黄、黑等顏色料，均為暗淡無光澤，但用清水洗後光彩鮮艷；另外，有些器物在黑、綠料下還能顯見青花；最後注意彩料研磨不細的時代特徵，即一般彩料紋樣上留下雜質的特點。

【景德鎮】

一二七一年十一月，在忽必烈稱汗十多年以後，才正式建國號“大元”。而此時，南宋王朝依然偏安在江南。一二七四年，元朝出動大兵南下，一二七六年攻下臨安，一二七九年南宋抗元的最後一支兵力也完全被消滅。自此廣大江南地區完全統一於元朝。

景德鎮

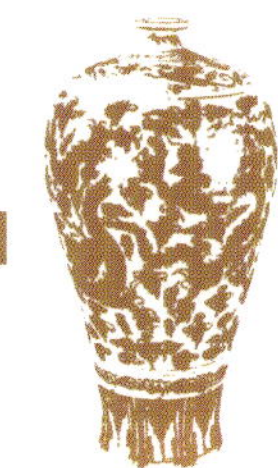

在元朝統治期間，與前述相同，手工業的表現特徵是官手工業的發達，其規模之大遠遠超過宋金時的官手工業。早在一二三四年蒙古滅金後，“曾在金朝統治的北方地區，幾次‘籍民’，把各地的手工業者調集京師，分類置局，編為匠戶，屬於與民戶不同的匠籍。……官府把工匠編為什伍，設官管理，忽必烈建立元朝後，原在和林及弘州等處的匠局陸續遷來大都和上都[21]。展品[1-66]就是反映這一時期的官手工業的精典之作。元朝滅宋後，“又多次在江南簽發匠戶。一二七九年，籍人匠四十二萬，立局院七十餘所”[22]。“元至元八年（一二七一年）忽必烈建國號大元，宮廷典事日繁，於至元十五年（一二七八年）在景德鎮設「浮梁瓷局」，據《元史・百官志》的記載，浮梁瓷局屬將作院：‘秩正九品，至元十五年立，掌燒磁器，并漆造馬尾棕、藤笠帽等事。大使、副使各一員’[23]。從此揭開了景德鎮作為中國瓷都新的紀元。展品[67-147]就是這一時代景德鎮的作品，而且有些作品堪稱曠世精典之作。縱觀展品[67-147]可以歸納如下幾點：一、關於胎土、圈足問題。在元代官府專門定造的瓷器中，主要有白瓷、紅釉瓷、藍釉瓷、青花與青花釉裏紅瓷等品種。“從傳世品看，卵白釉、紅釉、藍釉都稱得上是為官府製作的瓷器精品”[24]。從展品[111-115]與[134-139]及[147]等實物上看，也確實如此。這些作品的胎土潔白微閃青，圈足工整，與一般意義上的流行觀點相反；二、關於官府用瓷問題，從胎釉底與繪製風格上看，白釉瓷、紅釉瓷、藍釉瓷等品種，均為胎白釉潤，底足工整、精美規範的瓷中精品，換言之，它是一類品。而青花瓷與青花釉裏紅與上述相比，就相差一些，可歸為二類品。參見展品[80]、[111-115]、[129]、[134-139]及[147]；三、關於分期問題。我館的展品銘記帝王紀年款的共有四件，分別是展品[80][129][111]與[115]。從以上展品推斷，景德鎮在公元一三零九年就已經成功地燒製出青花瓷、紅釉瓷，在公元一三三六年，還成功地燒製出藍釉瓷與釉裏紅瓷。問題是元朝手工業特徵是官手工業的發達，且官手工業與商品流通相脫離，從而對民間手工業的影響不大。加之，缺乏相應的文字記載與傳世品的流傳。因此，以上判斷僅是初步的直觀感覺；四、關於器形問題。從上述觀點出發，元代瓷品中也不乏有作工精美、規範的精典之作，但器形碩大，造型奇異也是其特徵。本書所列展品超過40公分的大器有[79–80][87][89][93][96–97][99][100–101][112–114][120][124–126][133][144][146]等20件。造型獨特的展品有[85][87][92][94][97–100][103–105][110][112][118][120][134–138][140–141][143–144][146–147]等26件。下面我們將展品分四類加以介紹，即青花瓷、紅釉與藍釉瓷、釉裏紅與青花釉裏紅瓷、白釉瓷。

展品[67]是一個雙系執壺，釉面布滿細碎開片，白胎，火石紅顯見，青花色澤灰暗，顯然用的是國產青料，從器形及用料情況看，應是元代早期作品；展品[68–70]是釉下黑彩的作品。其中展品[69–70]在黑彩之中還摻有進口鈷料，鐵銹斑顯見，從器形用料、繪製風格應是元朝早期的作品。在本世紀七十年代發現的韓國新安沉船第八次打撈時，也發現了元代景德鎮釉下黑彩小盤幾十件。馮先銘先生認為，“由此得知，元代景德鎮在燒製青花，釉裏紅之前，還一度燒製過釉下黑彩飾品，對於探討景德鎮與吉州窯、磁州窯之間的關係問題，釉下黑彩與釉裏紅、青花之間的關係問題，都是不可缺少的重要資料”[25]；展品[71]從繪製風格上看也是元代早期作品；展品[72–75]可以觀察到元代龍紋的變化特徵。龍紋從展品[32]磁州窯系到展品[72–75]，其頭部、身軀、爪紋有一個從粗大到細小的變化過程，從嘴張似鱷魚，雙目凸起，雙角、四腿粗壯，五爪、身軀粗大到龍頭呈扁長形，張口露齒吐舌、細長頸、四腿瘦勁、三爪或四爪及五爪等變化特徵。而到元代晚期至明代初期，其龍紋又經歷了由細小到粗壯的演化；展品[76–83]是一組纏枝牡丹花卉的作品。從胎釉上看，可能是胎釉配比時鐵元素含量較高，加之釉料中氧化鉀、氧化鈉含量較低的緣故，從而導致高溫還原時鐵元素析晶現象的產生，故釉面上顯見黑色斑點，衹有[82–83]由於胎土淘洗精細一些了，故釉面顯得白淨些。其中展品[79–80]及[83]是大件器物，[79]直徑達62公分，且盤沿呈棱形，器形大且厚重，它是國內外目前已知元代盤類中最大的一件器物。[80]器高41公分，肩周直徑25公分，是一個器高胎體厚重的作品。青花款為“大元至正元年製”，即公元一三四一年製。由於迄今為止，國內外還沒有發現真正的元青花中帶有帝王年號款的作品，那麼展品[80]就彌補了這一空白。[83]器高38公分；[84]是一個日用器皿——碗，碗周與碗心均繪有嬰戲圖案，由於髮飾及服飾具有北方草原馬背民族風貌，加之進口“蘇尼勃青”料的描繪，施青白釉，圈足內有釉，顯見火石紅，牆內斂，裏牆外斜，碗沿直徑14公分，高5.6公分，這是一件迄今為止國內外少見的元代作品；展品[85]也是迄今為止國內外少見的元代作品。從器形上看似乎是宗教用品，龍紋與至正型龍紋相似；展品

[86]是一個器高32.6公分的象耳罐；展品[87]是一個空前的元代特殊器形的尊，器高53公分，腹部最大部分直徑為58.75公分，底部直徑21公分。該器屬於紋飾繁密類型，全器上下共有九層紋飾，全器紋飾安排非常緊湊繁密，口沿處雷紋（回紋）、頸部繪有鳳舞圖，優美的舞姿及美麗的鳳羽自不待言，中間有芭蕉山石、花草、葡萄。頸下部繪海水紋，肩部連續菱形與蓮瓣（內有雜寶）、腹部繪有蔓草，開光（雙鳳與朵雲、蟋蟀與葡萄、螳螂捕蟲與葫蘆等等）。足部分別繪有蔓草與蓮瓣（內有葉形）。碩大的器形與厚重的胎體加優美的裝飾圖案，元青花的古樸莊重渾厚之感油然而生；展品[88]鳳穿花玉壺春也是紋飾繁密的器物，全器上下安排了八層紋飾。從裝飾風格上看，應為元代晚期的作品；展品[89]是一個器高48公分的雲龍紋象耳瓶，其造型、紋飾與英國大維德基金會所藏的一對舉世矚目的象耳瓶有類似的風格；展品[90]是蓮池鴛鴦托盤，前述展品[20]磁州窯系就已經出現蓮池鴛鴦的圖案了，而且已經成為元青花瓷常見紋飾，本件展品也是元代青花瓷少見之特殊器形；展品[91]是元青花瓷常見紋飾的一種，荷蓮雜寶紋蓮瓣形盤；展品[92]是一個蓮池鴛鴦紋盒，是一個日用器皿，也是元代青花瓷少見之特殊器形；展品[93]是器高48公分的青花雲龍紋帶蓋梅瓶，與一九八零年十一月在江西高安縣出土的那幾件有相似的風格；展品[94]是四季花果八棱罐，也是元代青花瓷少見的特殊器形；展品[95]是器高39公分人物故事紋瓶，也是元代青花瓷少見的特殊器形；展品[96]器高63公分，肩直徑31公分，底直徑19.5公分的雲龍紋梅瓶，胎體厚重，器形碩大，分段製胎、接胎痕明顯，由於"蘇尼勃青"料大塊鐵銹斑的緣故，繪製圖案暈散效果特別明顯；展品[97]器高41公分，是一個製作難度較大的開光折枝花卉八棱形玉壺春；展品[98]是人物故事鉢形缸，器高29公分，腹部最大直徑為30.6公分的矮粗胖形器物。這種器形在元代青花瓷中是罕見之品；展品[99]器高53公分，肩部直徑為32公分，是[蕭何月下追韓信]紋瓶。由於一九五零年江蘇江寧明洪武二十五年（公元一三九二年）沐英墓出土了一件元青花"蕭何月下追韓信"梅瓶，現藏於南京市博物館，於是它就成為國內外著名的一件元青花瓷珍品。

本展品的紋飾與這件相同，衹是器物大一些。釉色青白，施釉較厚，紋飾清晰明快，鐵銹斑自然，係進口料，圈足無釉、露胎處顯見"火石紅"，跳刀痕與旋削痕明顯；展品[100]是器高51.3公分，鳳穿花八棱瓶，對比展品[87]，二者的繪製風格有許多近似之處，底足露胎處的輪旋弦紋明顯，修胎不工整。這種八棱形瓶，製作工藝難度非常大，故本品也是元代青花瓷中罕見之珍品；展品[101]是一個直徑40公分的折枝牡丹花卉菱花口盤，與一般元青花盤相比，圈足比較工整。胎底幾乎接近細砂胎程度了；展品[102]為蓮池魚藻紋罐，紋飾由於鈷料擴散的緣故，在透明釉下有明顯的暈散效果；展品[103]是一個製作難度較大的人物故事瓜棱罐；展品[104-105]是兩個特殊器形——蒜頭式罐，其中展品[104]雙獅戲球的紋飾與明代永宣器非常相似了。展品[105]是元青花常見之紋飾蓮池鴛鴦圖；展品[106]是器高35.5公分，腹部直徑達32公分的矮粗大器。元代青花瓷的鳳紋尾羽非常豐富，參見展品[87-88]及[100]。從元末到明永樂朝之間，關於鳳紋是一段空白期。另外明洪武朝的纏枝菊花紋又與元代相近似。本展品圈足無釉顯見“火石紅”，并帶有輪旋的弦紋，圈足較淺且斜削痕明顯，故這件展品應是元末明初的作品；展品[107]是一個釉潤、胎淨、紋飾精美的蓮池魚藻紋梅瓶；展品[108-109]是紋飾相同一小一大的兩個將軍罐，主題為“昭君出塞”圖。兩者的差別是，在頸部小罐為海水紋，大罐為卷草紋。小罐施青白釉，大罐施透明釉，兩者比較，粗精顯見；展品[110]是一個道教用的葫蘆瓶，其製作工藝是，在素胎上模印出仙鶴，然後用青花料畫出八卦圖與朵雲，再罩上透明釉入窯燒造而成，由模印營造出的仙鶴具有浮雕效果。這種製作方法在元樞府釉、卵白釉等品種中經常使用，但配合青花料進行製作尚屬罕見。且道教本身在元代社會中也是僅次於佛教的一股勢力很大的宗教組織。另外，仙鶴的造型也非常別緻，有展翅欲飛，有空中翱翔等，雲朵的造型也多達幾種，此器是元代青花瓷中的罕見珍品。總之，觀察我館典型元代青花瓷釉面可以發現以下特徵，第一、青花色調濃艷者居多，有黑斑現象，部分黑斑有銀白色金屬光澤，大塊黑斑處有明顯凹下去的現象；第二、釉色白中閃青。釉中氣泡大而多或氣泡大小相間疏朗，青花處氣泡更多，尤其黑斑處釉層薄更加明顯；第三、青花暈散明顯，即青花鈷料從着色區向非着色區擴散現象；第四、釉面有明顯桔皮紋與棕眼現象。

【瓷藏館物博術藝族民元上古蒙內】

展品[111-112]是燒製技術難度非常大的紅釉瓷，它是以銅紅料為着色劑與釉料相混合高溫燒造而成，關於它的燒製難度之大，在明代景德鎮陶工中曾有過一個非常悲慘而動人的傳說，稱之為“祭紅”。展品[111]從釉色上看，已達到鮮紅或寶石紅的程度，與永宣時期的祭紅比較，兩者均為呈色鮮艷，但元代紅釉釉面的透明度相對更好一些，有開片與桔皮紋，同時底足還有積釉現象。前後青花銘文是：“大元國至大二年三月”和“樞府公用”，即公元一三零九年三月燒製的。不但如此，玉壺春的腹部還有三條形態各異的用青花料製成的魚游圖，青花呈色濃艷，係進口料。圈足處無釉露胎，足外撇，內牆斜削，修胎痕明顯；展品[112]是器高42公分的紅釉葫蘆三管瓶，與上述製作方法一樣，也是用進口青花料繪成魚游圖，青花銘文是：“內府公用”。本書展品中銘有“內府”款的共有四件，即展品[112-115]，銘有“府”字一件[3]，銘有“樞府”有二件，即展品[111]與[147]。樞府自不待言，它是元代“樞密院”定燒的器物。但“內府”又是專指什麼機構呢？據史書記載，明朝皇宮之內的機關除“二十四衙門”外，還有諸如“庫”、“房”、“廠”等機關，其中“庫”中就有“內府供用庫”，“掌宮內及山陵等處內管食米及皇帝用的黃臘、白蠟、沉香等，凡油臘等庫俱屬之”[26]，且明永樂朝又有“內府”梅瓶之說[27]。綜合國內外銘有“內府”款的瓷器（主要是指磁州窯系）并結合本書的幾件展品，可以推斷元代的“內府”應是專指皇宮大內的機構。另外展品[112]的圈足比較工整，足外撇，內牆略斜削，底足之足脊有明顯的棱角感，胎底塗一層漿汁，有明顯刷痕，釉色鮮紅，青花濃艷，游魚紋飾係元代典型手法；展品[113-115]是一組藍釉器，藍釉的着色原理與青花同用鈷為色料，衹不過藍釉是鈷料與釉料相混合塗於胎上高溫燒製而已。現在大量的實物證明，瓷器上的高溫鈷藍釉是元代景德鎮創製的。展品[113]是器高44.2公分的玉壺春，色澤非常鮮艷，已達到寶石藍的程度，迎光觀察，在藍釉聚集區域則呈現藍中泛黑的濃艷色調，在呈現大面積鐵銹斑的同時還有銀白色金屬光澤。說明鈷藍釉在高溫時流動造成鐵元素形成富集并產生析晶現象，這也是高鐵低錳型進口鈷料的獨有特徵。凸白釉刻銘文“內府”兩字。底足不施釉，足外撇，內牆斜削，修胎痕明顯不工整。非常難得的是露出胎體本色凸起的龍紋，是采用印花、刻花與浮雕幾種技法相結合，加之青花點睛的神妙之筆，從而使整個器物顯得更加古樸、莊重、精美；展品[114]是器高42.2公分的梅瓶，藍釉的色澤有些發暗，銘文“內府”兩字，器上的龍紋采用印花、劃花、刻花的手法再罩上透明釉，龍目青花“點睛”，使得碩大的器物厚重的胎體顯得莊重、古樸。底足無釉，修胎痕明顯；展品[115]是藍釉釉裏紅魚游紋梅瓶。青花銘文“大元國至元二年三月”與“內府公用”，元朝有兩個至元年；前至元為公元一二六四年，後至元為公元一三三五年，從本展品的綜合情況上看，應是後至元公元一三三六年所製。藍釉色澤非常純正，已達“寶石藍”程度，釉裏紅與藍釉結合燒製實屬罕見。釉裏紅魚游圖，其銅料在燒製過程呈清晰流動狀，其燒製工藝難度很大。器物的底足采用高牆平削。同時，胎底較工整，塗有漿汁，刷痕明顯。用三十倍的放大鏡觀察[115]發現，鈷藍料與銅紅料與土壤顆粒的吸附關係截然不同，前者吸附關係比較緊

【瓷藏館物博術藝族民元上古蒙內】

密，而後者則相反。從而證明[115]這件器物在窯藏幾百年過程中與地殼中各種礦物質緩慢的化學反應現象。

展品[116–126]是一組釉裏紅類的器物，這些器物均采用釉裏紅綫繪的裝飾技術，釉裏紅與前述紅釉器的着色原理相同，均是銅紅料為着色劑，祇不過釉裏紅在釉下描繪，紅釉器則大面積塗抹施釉，着色的程序不同罷了。由於釉裏紅的呈色劑氧化銅極易在釉中擴散揮發，故它的燒製成功率較低。展品[116–117]釉裏紅出現發黑，銅紅流散的現象；展品[118–121]釉裏紅呈色發暗，其中展品[118]是帶有波斯風格的元代特殊器——僧帽壺。展品[119]為纏枝花卉碗；展品[120]是器高達 43.5 公分元代罕見器——三壺連通器，它與展品[118]一樣，是元代中西文化相互交流、滲透的結晶；展品[122–123]是兩個燒製成功的釉裏紅器，透明釉下鮮紅（寶石紅）的呈色，綫條優美的紋飾，令人叫絕！從展品[111][115]與[129]中獲悉，在一三零九年與一三三六年景德鎮就已成功地燒製出呈色鮮艷的紅釉青花器與藍釉釉裏紅器，并且在一三四六年就已經成功地運用釉裏紅綫繪技術了。展品[122]器高 37.5 公分的蓮池魚藻紋帶蓋將軍罐，圈足工整無釉，足外撇，內牆斜削，修胎痕明顯。展品[123]器高 36.5 公分松竹梅圖大罐，圈足無釉，削胎痕明顯，胎底顯見輪旋痕；展品[124–126]是一組元末明初的釉裏紅作品。現今流行的觀點認為，關於釉裏紅（包括紅釉瓷）真正成熟期雖然是元代，但真正的發展期是明初的洪武朝，可是由於明朝的第二位皇帝朱允炆縱火焚宮之舉，使得大量明初的官窯器也隨之銷毀，從而給今天元代與洪武朝瓷器的鑒定，留下許多難題。明洪武帝朱元璋於公元一三六八年稱帝，至一三九八年，洪武朝共存世三十一年。實際上，從至正二十一年（公元一三六一年）起，景德鎮地區已經基本由朱元璋的勢力所控製。另外展品[125–126]徵集的來源與我館器物的來源不同，即這兩件是從我國的南方地區徵集的，而我館大部分器物來源於大漠南北的草原地區，這樣我們把這組釉裏紅器歸類於“元末明初”。展品[124]是器高 49 公分的象耳瓶；展品[125]是高 40 公分的執壺，展品[126]是高 41 公分的梅瓶。總之縱觀我館釉裏紅展品可以發現以下特徵，第一，釉裏紅的紅彩區常有大小不等的苔點綠存在，即釉面上的深綠斑點；第二，釉裏紅圖案中綫條的邊緣略見模糊，即釉裏紅的暈散現象；第三，釉中時常有色料殘留現象；第四，釉面上有明顯桔皮、棕眼現象。

展品[127–131]是一組青花釉裏紅類別的作品，它是運用青花與釉裏紅相結合繪製而成的，由於青花與釉裏紅呈色劑不同，對窯室中的氣氛要求也不盡相同，要使這兩種色澤都能達到成功，其技術難度之大

【瓷藏館物博術藝族民元上古蒙內】

可想而知。因此僅釉裏紅存世品已非常罕見，青花釉裏紅（包括紅釉）更是罕見之極了。前述展品[111-112]與[115]的發色原理與青花釉裏紅相同，差別僅是製作程序而已。青花的色料為一種含有氧化鈷的礦物質，它一般含有不同比例的鐵、錳、砷等其它金屬氧化物。就氧化鈷而言，着色力強且成熟火溫寬，所以燒製的成功率較高。而釉裏紅（包括紅釉）則不同了，它的色料主要成分是銅元素，銅元素的特性相當不穩定，在攝氏1250度時，上下偏差幾度就出現失敗與成功的可能，基於這個原因，使得當時釉裏紅（包括紅釉、青花釉裏紅），燒成率非常低。展品[127]是高7.2公分，碗口直徑21.7公分的青花釉裏紅花紋碗，從碗內沿卷草紋青花含有黑料特徵上看，它應是十三世紀末的作品；展品[128]是瑞獸蓋罐，從釉色、胎料上看，是元代早朝作品；展品[129]是纏枝牡丹紋梅瓶，頸部銘文“大元國至正六年製”，即公元一三四六年。肩上部釉裏紅卷草紋一周，肩部釉裏紅鳳穿花圖、青花纏枝菊花，腹部釉裏紅牡丹、青花纏枝葉，釉裏紅卷草紋一周，足部青花蓮瓣，釉裏紅蓮花。紋飾精美工整，胎色潔白微閃青，釉呈玻璃光。小口，口沿平折，短頸梯形狀，肩豐滿，肩以下斂收。足外撇，內牆斜削，平足底。胎底雜質點明顯，刷有漿汁；展品[130]與[129]比較，工藝不同，它采用堆貼與鏤雕手法。釉裏紅非綫繪方法，而是用銅紅料塗繪，即以銅紅料成片、成塊地塗繪成一定的圖案花紋；展品[131]採用的是釉裏紅拔白手法，它有類似“填彩”的味道，即用青花先勾描出圖案的輪廓，然後用釉裏紅塗抹輪廓內的空餘之地。從技術角度上講，采用釉裏紅塗繪與釉裏紅拔白的手法，能夠減少釉裏紅綫繪容易產生的飛紅現象，因此從一般意義上推理，他們似應早於綫繪的普遍使用[28]。

展品[132-147]是一組白瓷作品。從出土情況和各種歷史文獻記載中獲悉，在元朝瓷器中居有主導地位的是白瓷，而白瓷又可分為卵白釉和青白釉兩種。展品[132]應是元早期青白釉纏枝牡丹紋梅瓶，器物的形狀雖明顯是元代的，但紋飾風格還帶有顯著的遼宋風格；展品[133]是一對器高105公分青白釉凸雕龍虎鶴蓋瓶，它又稱“魂瓶”，是宋元時期的陪葬器物；展品[134-138]是一組銘文“官”字的作品。在元代白瓷尤其是卵白釉的款識較多，除常見的“樞府”款外，還有“太禧”“福祿”“昌江”“玉”“良”等款記。北宋定窯和遼代瓷品中就有“官”字款的前例，但元代銘文“官”字款瓷尚未見記載。從器形、紋飾、胎、釉等諸方面看，這一組作品無疑是元代景德鎮的早期作品，我們推斷是十三世紀末期作品。具體分析如下：一、從器形上看，展品[134]

可追溯到隋唐，它是在繼承性的基礎上又有所創新的雙龍耳形瓶。展品[135]是帶有波斯風格的雙系扁壺，它是中西文化相互交流、相互滲透的結晶，也是元代之罕見特殊器形，明清兩代均有此類作品。展品[136]是開光龍鳳紋花口瓶，在宋代的磁州窯系和景德鎮都有類似的作品。展品[137]

是纏枝牡丹紋蒜頭瓶。漢代開始出現，以後不多見，至清代又成為流行式樣。展品[138]是具有元代鮮明時代特徵的器物——葫蘆瓶；二、從紋飾上看，展品[134-136]的龍紋可比較展品[32][72-73][85][96]元代龍紋特徵。展品[136-137]纏枝紋與牡丹紋可比較元代早期磁州窯作品的慣用紋樣。另外，展品[134]出現了蝙蝠與壽桃的紋飾，喻義“福壽”，此圖案至清代流行。裝飾技法有模印、劃花、刻花等手法的運用；三，從胎釉上看胎體潔白閃青，圈足較工整，足外撇，內牆斜削。器底均有釉，“官”字款刻痕露胎處顯見“火石紅”。釉色青白，有玉質感。其釉色與卵白釉、青白釉有明顯的區別，即青白中綠色感強。綜上所述，這一組展品屬於製作工整、規範、精美，器形獨特的白瓷中的精品，它們完全有可能是元代皇宮用品。也許機緣巧合，本人在寫作觀摩展品時，不慎將展品[134]一耳碰壞，發現胎土潔白閃青，釉層肥厚。這種巧合使人想起元代人孔齊，在其所著的[靜齊至正直記]一書卷二說：“饒州御土，其色白如粉堊，每歲差官監造器皿以貢，謂之御土窯，燒罷即封，土不敢私也”。是以元代官方製品所用的高嶺土礦，與民間一般窯場所用的高嶺土礦，是不相同的，證之實物，凡有官府銘款的白瓷，其露胎處的色皮，都比較淺淡，甚至有些衹是微帶黃褐色。但外銷瓷或是青花器的胎土，則都是橙紅色的，這證明官土中鐵含量少，其質地確實優於民用土。據劉新園先生考證，元代的官土，在今天景德鎮東埠地區以東的高嶺山東北角，現稱‘麻倉老坑’(29)。按照這種標準，重新審視本書所列展品，達到這種要求的有展品[111-115][134-139][147]，同樣銘款的青花[80]與青花釉裏紅[129]就達不到這種標準。由此看出，在元代瓷器製作中，胎土與釉料及紋飾標準較高的是白瓷、紅釉與藍釉瓷，它們就是所謂的“御用瓷”或“官窯”。而青花與釉裏紅銘款瓷雖然也是“官窯”，但它們衹是“官窯”的二級品；展品[139]是器高35公分的龍紋梅瓶，它的胎釉與上一組展品具有相同的特徵，衹是龍紋已與“至正型”的紋樣有相似的特點；展品[140-146]是一組卵白釉瓷，它是元代在青白瓷的基礎上進行創新的結晶。從釉色上看，它是溫潤中略帶淡淡的藍綠色，恰似鵝卵色澤故而得名。青白釉的釉色雖然也呈現青白色，但白中閃青，釉面玻璃質感強，有氣泡，積釉處更青亮。展品[140]是露胎觀音雕瓷；展品[141]貝殼內帶有地中海沿岸風格的人魚像瓷；展品[142]也是帶有西亞風格的人物牽馬像瓷；展品[143]是帶蓋雙系扁壺；展品[144]器高45.5公分的龍紋獸耳玉壺春；展品[145]是松竹梅紋梅瓶；展品[146] 器高42.4公分，是分段組裝的宗教塔；展品[147]高38.5公分的帶蓋鳳紋青白釉將軍罐，銘記“樞府”，凸起的鳳紋與展品[113]

【內蒙古上元民族藝術博物館藏瓷】

手法相同，從其釉色上看，透明玻璃感強，且有玉質特徵。它與展品[134-139]有相似之處，器底塗有漿汁，圈足工整，也是白瓷中的鼎級之作。

展品[151-156]是我館近幾年來野外考察時收集的部分瓷器殘片。說明如下：（一）來源，它們分別來源於內蒙古自治區中西部的四個地區，1、元上都遺址，位於內蒙古錫林郭勒盟正藍旗閃電河畔的五一牧場。元朝借鑒了遼金多京製的經驗，而加以簡化，實行兩京製，建大都和上都。元大都即今北京，元上都則位於內蒙古自治區，它既是元世祖忽必烈稱汗登基之地，也是元朝除大都之外的政治、軍事、經濟文化中心。因為元朝皇帝每年四月至十月赴上都消夏避暑。諸司、都分司相從，處理政務，皇帝除狩獵行圍外，蒙古諸王、貴族大會（忽裏臺）及傳統的祭祀活動，均在上都舉行。這種“時巡”年年復始，已成定製，從公元一二七一年到公元一三六八年的長達九八年間，元朝十一代皇帝年年“時巡”；2、元代古城德寧路遺址，位於內蒙古自治區達爾罕茂明安聯合旗百靈廟一帶；3、元代古城淨州路遺址，位於內蒙古自治區四子王旗西北城卜子村，金朝又稱靜州。元朝改為淨州路；4、元代古城豐州遺址，位於內蒙古自治區呼和浩特市東白塔，是遼、金時代建築，元代擴建。（二）殘片類別，有磁州窯系、景德鎮窯、鈞窯、龍泉窯等。展品[151]一號磁州窯系銘“祐”字的殘片引人注目，元朝仁宗的年號為“延祐”，應為公元一三一四年至一三二零年的作品。（三）胎釉，展品[152-156]的青花瓷、白瓷、紅釉瓷、藍釉瓷，它們都屬於胎白釉厚，精工細作的瓷，尤其是展品[152-154]它們與一般意義的貿易瓷有明顯的區別，是由元代的官土——“麻倉老坑”的胎土製作的。換言之，這些作品屬於胎色潔白閃青、釉色肥潤、精工細作的瓷品。另外，展品[153]藍釉玉壺春殘片上留有修補過的“鋦子”痕蹟，說明在元代藍釉瓷是很名貴的。

一九九九年五月書於呼和浩特市

【插　圖】

插圖一

蒙元時期磁州窯系青花五彩人物四系瓶

高32公分

插圖二

蒙元時期磁州窯系青花五彩人物紋罐

高22.9公分

插圖三

【蒙元時期磁州窯系青花五彩人物紋瓶】

高38.6公分

插圖四

【蒙元時期磁州窯系青花五彩鳳穿花卉紋蓋罐】

高 35.4公分

插圖五

元景德鎮青花龍紋瓜棱罐

高38公分

插圖六

元景德鎮釉裏紅人物罐（昭君出塞與元人狩獵圖）

高27公分

插圖七

元景德鎮紅釉獸紐香熏

高 16.0 公分

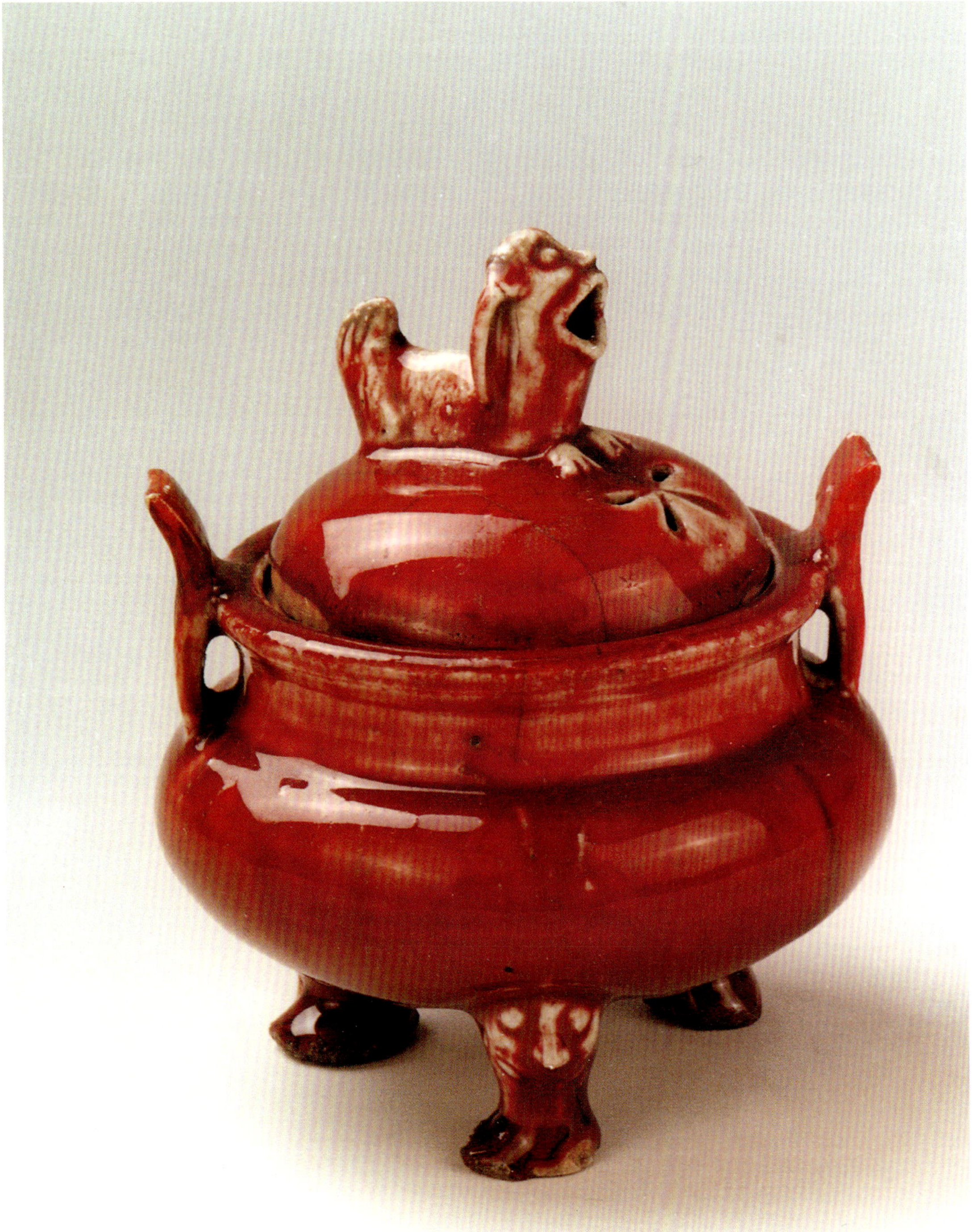

插圖八

【元景德鎮白釉花卉五連瓶】

高27.6公分

插圖九

元景德鎮白釉仙鶴紋玉壺春銘（樞府）款

高29.3公分

【注　释】

注釋

（1）《中國通史》第七冊，范文瀾、蔡美彪等著，53-54頁

（2）《中國歷代陶瓷鑒賞》劉良佑著，上冊，91頁

（3）《中國陶瓷》馮先銘著，379-380頁

（4）《元代瓷器》葉佩蘭著，147頁

（5）《中國古陶瓷圖典》馮先銘主編，215頁

（6）《中國通史》中，馮克誠，田曉娜主編，青海人民出版社，159頁

（7）《中國通史》中，馮克誠，田曉娜主編，青海人民出版社，159頁

（8）《中國通史》第七冊，范文瀾、蔡美彪等著，59頁

（9）《中國通史》第七冊，范文瀾、蔡美彪等著，53-54頁

（10）《蒙古族簡史》內蒙古人民出版社，85頁

（11）《蒙古族簡史》內蒙古人民出版社，85頁

（12）《蒙古族簡史》內蒙古人民出版社，86頁

（13）《蒙古族簡史》內蒙古人民出版社，87頁

（14）《蒙古族簡史》內蒙古人民出版社，87頁

（15）《蒙古族簡史》內蒙古人民出版社，89頁

（16）《草原文化》中國地域文化大系，趙芳志主編，222頁

（17）《元代瓷器》葉佩蘭著，17頁

（18）《中國古陶瓷論集》馮先銘著，紫禁城出版社，香港兩術出版社，295頁

（19）《中國文物精華大辭典》國家文物局主編，陶瓷卷，446頁

（20）《元代瓷器》葉佩蘭著，137-138頁

（21）《中國通史》第七冊，范文瀾、蔡美彪著，181頁

（22）《中國通史》第七冊，范文瀾、蔡美彪著，181頁

（23）《中國陶瓷》馮先銘著，448頁

（24）《元代瓷器》葉佩蘭著，7頁

（25）《中國古陶瓷論集》馮先銘著，紫禁城出版社，香港兩術出版社，295頁《南朝鮮新安沉船及瓷器問題探討》

（26）《中國通史》中，馮克誠、田曉娜主編、青海人民出版社，2042頁

（27）《明清瓷器鑒定》耿寶昌著，第三章第一節。

（28）《中國陶瓷》馮先銘著，463頁

（29）《中國歷代陶瓷鑒賞》劉良佑著，上冊，122頁

【續　篇】

原計劃本書於一九九九年下半年在國內出版，由於種種原因出版計劃拖後。這樣又有了充裕的時間進行反復思考，思後索性把以前想說而又覺得不夠成熟的話一古腦兒寫出來罷，於是就有了本書續篇。

續 篇

【內蒙古上元民族藝術博物館藏瓷】

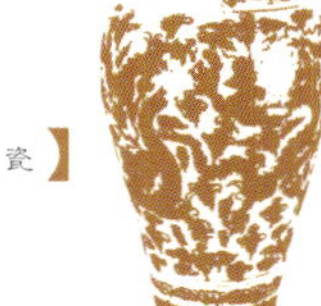

【內蒙古上元民族藝術博物館藏瓷】

一、本書展品徵集區域的說明

由於本書所陳列的展品基本上來源於內蒙古自治區，那麼對該區域在蒙元時期（一二零六年至一三六八年）歷史中的地理、人文、政治、經濟背景就必須有一個清楚的交待。根據史料記載，蒙元時期，在內蒙古自治區建有城邑三十多座，經考古調查現已發現其中的二十八座。衆所周知，元代與清代都是北方馬背民族建立的王朝，它們都是從北方草原南下，入主中原後建立了統一的多民族國家。元王朝自成吉思汗於公元一二零六年統一蒙古各部落建國後，黃金家族及異姓功臣在內蒙古的廣大區域分別築城建邑，大體分布如下：1、內蒙古東部。成吉思汗母親訶額倫太后和幼弟斡赤斤，其宮帳、城址在今呼盟鄂溫克旗巴彥烏拉古城。成吉思汗二弟哈撒兒的封地有城邑三座，其中一座在呼盟額爾古納市黑山頭古城，另二座在今俄羅斯境內。此外，成吉思汗姻親家族弘吉剌部，在今內蒙古赤峰市的北部建有應昌路和全寧路二城，故址分別在克什克騰旗和翁牛特旗。2、內蒙古東南地區，元代屬大寧路和寧昌路所轄。元大寧路及大定縣同治一城，城址在今赤峰寧城縣大明城；武平縣城址在敖漢旗豐收鄉；高州城址，在赤峰松山區太平地土城子。元寧昌路城址，在敖漢旗五十家子古城。3、內蒙古北部。有著名的元上都。成吉思汗的另一姻親汪古部，在內蒙古北部建靜安路。（後改名德寧路），城址在今包頭市達茂旗敖倫蘇木古城。元代集寧路城址，在今烏盟察右前旗巴彥塔拉土城子古城。元代淨州路城址，在今四子王旗吉生太城卜子古城。4、內蒙古中部。在元代屬西京路所轄的州縣有：豐州，城址在今呼和浩特市東郊白塔村；雲內州，城址在今托克托縣西白塔；東勝州，城址在今托克托縣大皇城。此外，還有平地縣；城址在今察右前旗蘇集村，宣寧縣，城址在今涼城縣淤泥灘村。5、內蒙古西部。元察罕腦兒宣慰司城址，在伊盟烏審旗與陝西靖邊縣交界的白城子。它原是忽必烈第三子安西王忙哥剌的領地，武宗時沒收了安西王的領地，并在察罕腦兒設宣慰司都元帥府歷屬陝西行中書省管領，所轄區域包括今內蒙古伊盟和烏海地區。6、內蒙古西北部。有兀剌海路和亦集乃路，屬元代甘肅行中書省所轄，其中兀剌海路城址，在今巴盟烏拉特中旗新忽熱古城；亦集乃路是沿襲西夏黑水城建置的，亦集乃是黨項語黑水的意思，現今譯為額濟納[1]。

綜上所述，蒙元時期設於今内蒙古地區的城邑衆多，可以分為都城，宗王分封城邑、路城、州城、縣城等五種形式。由於篇幅所限，這裏重點介紹元上都的地理、人文、政治等背景材料。

我以為，理解蒙元歷史必須結合游牧民族的特殊性，如中世紀的日爾曼人與蒙古人及後女真人，它們雖處於東西兩個不同歷史文明背景，但我們發現，它們文化傳統中具有某些驚人的相似性，如國王與皇帝，均需要經過貴族大會的推選，查理曼從巡遊王權到拓壘國都亞琛[2]，以及後來西歐王權形成的“冬宮”與“夏宮”的巡遊製度。元代的上都與大都與清代的京城與夏都（承德避暑山莊）。元上都又稱灤京、上京，城址在今内蒙古正藍旗五一牧場。公元一二零六年，元太祖成吉思汗統一了蒙古各部後，歷經幾十年的征戰沒有急於築城壘邑，直至元太宗七年（一二三五年）蒙古汗國的第一座都城——哈爾和林建成，這座古城遺址，位於今蒙古國北杭愛省哈爾和林牧場。隨着軍事和政治的需要，到忽必烈（即元世祖）為藩王時，於一二五六年，在今内蒙古錫盟正藍旗興築開平府。一二六零年，忽必烈在開平府經過貴族大會（忽裏臺）推選為大汗，建元中統。一二七一年建國號“大元”。一二七二年改金中都（今北京市）為大都，興築了首都大都城，改上都開平府為陪都（夏都），一二七六年滅南宋。正如查理曼建都亞琛是法蘭克王國至整個中古初期西歐政治史上的又一重要事件，它不僅標志着自“民族大遷徙”以來以法蘭克為代表的“蠻族”王權從傳統的“巡遊王權”開始向新型的“行政王權”的過渡，而且也反映了自古希臘羅馬以來西方政治重心從地中海沿岸向歐洲腹地北移的歷史趨勢[3]。那麽從元太宗建都城——哈爾和林到元世祖建都城——開平府，這不僅表明蒙元王朝由“遊牧王權”向新型“封建王權”的過渡，同時也表明蒙元王朝的統治中心由漠北轉移到漠南。建大都北京與隨之宋的滅亡，它標志着中國統治中心的北移，統一的多民族封建國家的建立，直至基本上奠定了我國版圖，意義是很重大的。

元上都是元朝的陪都，在政治、經濟、軍事和文化上都有重要地位。忽必烈“建上都於灤水之陽，控引西北，東際遼海，南面而臨製天下，形勢尤重於大都”[4]。元朝，自忽必烈始至順帝十一位帝王在位期間，仍保持着蒙古民族的游牧傳統，冬天在冬營地（大都）過冬，夏天在夏營地（上都）避暑，年復一年地遵守這種製度，直至元朝滅亡之時，具體詳情見（附錄一）。也正是由於這種游牧傳統——冬宮與夏宮巡遊製，使得在元代歷史上賦予上都，甚至重要於大都的特殊地位。例如元代發生在上都的重要歷史事件有：在忽必烈時期，忽必烈繼汗位；反擊阿裏不哥爭奪汗位的戰爭；對南宋作戰；南宋幼主被送到上都，“世祖御大安閣受朝降”[5]；反擊東道諸王乃顏叛亂等等。至元三十一年（一二九四年）正月，忽必烈病死於大都，隨後在上都大安閣舉行貴族大會（忽裏臺）推選鐵穆耳（成宗）為大汗。成宗歿，在上都舉行貴族大會（忽裏臺）推選海山（武宗）為大汗。南坡之變英

【瓷藏館物博術藝族民元上古蒙內】

宗被刺。兩都戰爭。天順帝與文宗的皇位戰爭。文宗復位於上都大安閣。惠宗於一三三三年在上都繼皇帝位。至正十八年，以關先生、破頭潘為首的農民起義軍，一把火將這座古城（元上都）燒成灰燼[6]。有關元上都的歷史事件詳見［附錄二］。

另外，根據史料與考古證實，元上都分宮城、皇城和外城三個部分，其中宮城中主要宮殿是大安閣，於至元三年（一二六六）十二月建成，是移取汴梁（今河南開封）的金南京熙春閣的材料建成的，它是上都大內，相當於大都皇城的大明殿。在這裏舉行的重大典禮，如元成宗、武宗、天順帝、文宗、順帝即位的貴族大會（忽裏臺），都是在此召開的[7]。意大利著名旅行家馬可波羅記述道：“上都有廣大的寺院，其大如一城。每寺之中，有僧二千餘人，衣服較常人為簡，鬚髮皆剃。其中有娶妻而有多子者……尚有別種教師名稱先生，守其教戒，節食苦修……”[8]。總之上都城內建有佛寺、道宮、回回寺、孔子廟等多元文化風格的建築。此外，在上都城還保留穹廬氈帳的建築風格，馬可波羅所記的上都“竹宮”[9]，就是失刺斡耳朵（siraordo），蒙古語，意為黃色宮帳，據《元史》記載，上都的失刺斡耳朵為元朝皇帝宴遊之所[10]。以上情景不由地使我們回憶起中世紀號稱蠻族的日爾曼人所建立的法蘭克王朝中，在其文化習俗中，即保留日爾曼人的語言與尚武精神，同時又吸收自古希臘與羅馬傳統文化及基督教文明。總之，在中外歷史上，史書所稱的“蠻族人”所建立的王朝基本上融合多元文化特徵，在保留本民族文化傳統如尚武善戰的同時，均不約而同地吸納其它民族的優秀文化與文明。而元代瓷器多彩多姿的風格特徵恰恰正是這種多元文化特徵的重新再現。

我館的棲身之地——內蒙古自治區，土地面積約一百一十八萬平方公里，人口二千二百八十四萬。特別是上述的元代遺址，大多在元末明初遭到戰爭的毀滅，許多遺址方圓幾十公里罕見人烟，土壤環境沙化與戈壁交錯分布。每逢秋冬時節，沙暴肆虐。據我館的實地考察與器物徵集來源信息，我館推出的元代瓷器展品中墓葬品極少，基本上是以窯藏的形式存在的，大多是春冬流動沙丘的移動，使窯藏品裸露出來，或秋冬時節農牧民挖儲藏窯等形式發現的，這些器物幾經磨難，終於被我館發現收藏，并得以重現天日。也正是由於我館所處的特殊地理人文環境，地域廣闊、人烟稀少、

遺址衆多。所以我們多年來一直執着地從事着元代瓷器的考察、徵集與研究工作，這也許是天道酬勤、功夫不負有心人吧！

二、關於元代瓷器胎釉特徵的探討

從觀展品[1-66]與插圖[一至四]，根據

歷史史料與考古資料，結合胎釉紋飾風格，這批瓷器大部分應是十三世紀三十年代至十四世紀初景德鎮興起這段歷史時期的產品，該批器物的徵集區域主要是元代上都，應昌路、全寧路、集寧路、淨州路、豐州等內蒙古東中西部地區元代遺址附近。在蒙元時期（一二零六年至一三六八年）其統治中心經歷了由漠北向漠南轉移的過程。史書上就有蒙古國在攻取金朝時有幾十萬工匠被蒙古貴族帶走的記載，如漠北的都城——哈爾和林是手工匠集中的地方，有一整條街都是工匠。稱海城初建時，就有俘虜來的工匠萬餘口在這裏設局製作。阿不罕山南有許多漢族工匠，設有阿不罕部工匠總管府。另據考古發掘報導，僅哈爾和林就有當地燒造的大量陶瓷被發現，質量不差，其中多有從事燒製的漢族工匠的題名（參見展品[3]）。蒙元前四汗的統治中心均在漠北，自忽必烈汗始，統治中心南遷至漠南。而漠南地區的手工業較漠北更為發達，元上都既有為宮庭用品生產的的器物局，還有很多的官營匠局。其它如弘吉剌，汪古和察罕腦兒等封地內，設有人匠總管府，怯憐口民匠總管府和提領所等分屬於諸王、貴戚、勛臣等機構，可知屬下的工匠亦不在少數(11)。

上述磁州窯系的瓷器，其胎土是典型的北方胎，由於北方胎土較粗黑的緣故，必須在 胎體上施上一層白色的化妝土，才能

彌補胎土自身的缺陷。從裝飾風格上看，除展品[31]帶有元代景德鎮窯成熟青花文飾特徵外，其它展品的裝飾風格基本上介於宋、遼、金、元之間，我們將其歸納為蒙元時期的風格。從裝飾技法上看，元代景德鎮成熟瓷器的所有裝飾風格在這些展品中都有所體現，如刻花、印花、堆貼、瓷塑、淺浮雕等等。從裝飾彩料上看，異彩紛呈，有黑彩、醬彩、紅彩、綠彩、黃彩、青花等等。從用途上看，既有祭祀用品，也有宗教用品，還有生活實用器。從人物紋飾上看，既有中原傳統文化的風格，也有反映蒙古族生活習俗的，如展品[11-14]與[59-61]，還有西域與歐州風情及佛教寓意的裝飾圖案，見插圖[一、二]與展品[21][56]。

總之，從以上展品中已經預示着瓷都——景德鎮就要粉墨登場了。換言之，蒙元時期的製瓷工業，在沿承宋、遼、金所有中原製瓷成就的同時，把各種不同窯口的風格進行一次新的組合，形成了有別於其它時代新的面貌。而且，它又是在粗劣胎土條件下實現的。從製瓷工業的客觀需要角度

出發，確實也急於尋找一種胎白釉淨，新的製胎材料。於是，隨着蒙元滅南宋（一二七九），并在江南“籍人匠四十二萬，立局院七十餘所”[12]與浮梁瓷局的設立，上述這種客觀需要變成了一種現實。

綜合目前所知的考古資料，景德鎮地區的陶瓷製作，始於唐末五代時期，至兩宋

【內蒙古上元民族藝術博物館藏瓷】

【瓷藏館物博術藝族民元上古蒙內】

時期，景德鎮的製瓷工業就已經非常興盛了。它所生產的影青瓷已經成為馳名中外的品種，因此而形成了一個龐大的南方影青瓷系，在南中國海沉船打撈報道中不時傳出這個影青系產品出現的消息。就影青瓷系統而言，除景德鎮外，主要是集中在廣東、福建兩省。從五代至北宋再至南宋，就景德鎮地區而言，它是由幾十個窯口組成的，其中湖田窯與珠山窯的影響較大，湖田窯從五代至元明幾百年間，從未間斷，而珠山窯則是從南宋起後來居上并成為明清兩代御窯廠的所在地。雖然景德鎮地區的製瓷工業在元代以前就非常發達了，但作為中國瓷都的地位則始於元代。(1)官府地位的提升，至元十五年設浮梁瓷局，掌燒造瓷品……[13]。同時行政上它又隸屬於[饒州路、浮梁州]。依[陶記]卷三所記，當時的行政官稱為「提領」由饒州路「本路總管」，來監理當地興盛的陶瓷商務。所以元代的景德鎮，不但有「提領」地方官，又有浮梁瓷局這種中央政府下設的專門機構來掌管地方造瓷，在形式上開始官窯的雛形了。明清兩代官窯窯廠的建立，以及景德鎮在行政上受饒州治下的浮梁管理，這種製度，都是沿襲元代的基礎，逐步發展而來的[14]。(2)高嶺土與瓷石二元配方的出現。在元代以前我國南北方各種窯口的陶瓷業(包括景德鎮)，大多是以當地所產生的瓷土作為製瓷的坯體。這些瓷土依南北地域差別，內部的構成元素也不盡相同，但其主要成份是以高嶺土為主，而雜以矽石、雲母、石英、長石等其它礦物所混合而成。在景德鎮地區，從唐末五代到南宋中晚期，由於幾百年製瓷工業的發展，使景德鎮優質的瓷土已漸漸用盡。成書於十三世紀的蔣祈(陶記)一書中，記述了景德鎮取土的情況說：「進坑石泥，製之精巧，湖坑、嶺背、界田之所產，已為次矣」，可見，瓷土在當時衹有「進坑」一處還不錯，其他地區的瓷土質料愈來愈差[15]。於是不得不引進外地的原料，即婺源和祁門兩地的瓷土，用來和景德鎮當地所產的高嶺土來配合使用。也正是以上這種巧合，二元配方的出現，使我國的製瓷工業進入一個嶄新的階段，歐洲諸國盡幾百年時間才頓悟中國瓷器的秘密所在。換言之，這種二元配方就是當時中國製瓷領域的高科技。也正是這種高科技含量的作用，使中國的瓷器在世界獨領風騷幾百年，并獲得與黃金等同的價值稱號。元代發現二元配方工藝的直接結果是，使得中國製瓷工業的胎釉結構發生了歷史性變革。由高硅低鋁

胎質轉變為中硅中鋁質胎。由於高嶺土的加入從而使氧化硅含量降低而氧化鋁含量則相應提高，而鋁含量的增加可提高瓷器的燒成溫度，進而可以提高瓷器的硬度和強度。另外釉的配方也相應發生了變化，即由元代以前的石灰釉轉變為石灰鹼釉，從而使氧化鈣含量大大降低，而氧化鉀、氯化鈉含量則大大提高。由於景德鎮製胎與製釉使用同一類礦物質，衹不過在配釉時在漿水中加一些釉灰，釉灰主要是帶入氧化鈣，用以調節釉的熔點。而漿水中的礦物質由於含鐵、鉀、鈣等微量元素，加之三氧化二鋁與硅酸的作用，在高溫條件下形成了類似玻璃的結晶體，這樣優質的胎面與透光性能好的結晶體(釉)相結合，從而產生了胎白釉淨的元代瓷器。它為青花，釉裏紅等繪製形式提供了極好的條件，從展品[1–66]與插圖[1–4]中我們獲悉，早在景德鎮加盟元代瓷器生產以前的蒙元時期，就已經出現釉下青花與其它彩料相結合繪製精美的瓷器，至於二者之間的關係何時進行轉化，由於缺乏歷史記載與考古資料的證實，我們現在還無法得知。但從時間推論上我們認為，二者的轉化應該是在至正十五年(一二七八年)設浮梁局就開始了這種嘗試，從我館展品[111]證實，在武宗時期(一三零八年至一三一一年)紅釉青花與藍釉瓷的製作就已經達到成熟程度了。另外，從現有的資料中證實，從元代至明代永樂年間，在官府定燒的瓷器中占統治地位的是白瓷，結合我館展品[134–138]，從裝飾圖案上看，這幾件白瓷的龍紋與纏枝花卉的繪製風格仍然保留着蒙元時期的特徵。換言之，它還在承襲宋、遼金時代的風貌。以此推斷，這部分白瓷應該是浮梁局設立後十三世紀末期的產品。(3)元代景德鎮瓷器的胎釉特徵。一般認為元代瓷器的時代風格是，

【瓷藏館物博術藝族民元上古蒙內】

胎重、器大、質硬、色白與分段接胎等等。結合本書展品我們認為，元代瓷器除上述特徵外，也不乏精典之作的鼎級品瓷，而且我們還認為這些精典之作就是元代的御用瓷。不管是白瓷、青花、紅釉、藍釉等品種，也不管是大型器還是細瓷，結合本書的展品并參照瓷器殘片，我們的結論是：A、胎骨特徵，潔白或白色中顯青色，胎骨中普遍呈氣孔現象。胎骨斷面白中閃青這一特徵，是由麻倉土這種元、明官土導致的時代風格，這種特徵可以說終元一代，至明萬曆中晚期結束。所以它與清代的官土從胎骨斷面上構成一道明顯的分水嶺，即胎骨斷面清代是潔白的，而元明是白中閃青的。而白中閃青在元代按照瓷器的等級，依次有潔白中閃青，白色中閃青，及灰白色閃青(雜質較多)，依次就形成了御用瓷、官瓷(或貿易瓷)及民用瓷的界綫。胎骨中的氣孔狀，依胎骨的厚薄有差別，一般胎骨厚重，則器形就大，其氣孔狀就大小交錯分布，而薄器則氣孔細小。這種氣孔現象也可以說是終元一代的普遍特徵，那麼這種現象形成的原因是什麼呢？我

們認為是麻倉官土與外來瓷土二元配方在高溫氣氛下燒結過程中元素結構現象，由於我們接觸元代瓷器殘片與器物比較多，接觸明代永樂、宣德時期的精品也不少，但明代各朝瓷器殘片卻很少看到，從印象上看明代早期瓷器也應該具備這種特徵(我們是從器物圈足及口沿上觀察得出的結論)。B、釉面

【內蒙古上元民族藝術博物館藏瓷】

特徵，依據胎骨斷面白中閃青的特徵，釉面顏色也依次有潔白微閃青、白中閃青、青中閃白及灰青白色等。它是由胎骨中鐵含量大小，釉水中鈣、鈉、鉀等元素含量比例多少，以及窯溫與還原氣氛等多種因素決定的。但就元代御用瓷、官瓷(貿易瓷)而言，一般釉面均是潔白閃青，或白中閃青，釉面潔淨，玻璃質感強。同時釉面顯現棕眼與桔皮紋，器物的聚釉處有水綠色現象(白瓷、青花瓷尤其明顯)。換言之，標準的元代瓷器與明洪武、永樂、宣德早期的釉面極具相似性。因為明初三朝瓷器(不包括宣德朝後期)與元代瓷器所用的官土與生產技術工藝水平大體相同，而我們觀察的實物也證實這一點。從質感上看，標準的元代瓷器與明洪武、永樂、宣德早期的釉面是潔白中閃青的顏色，與標準宣德器(宣德朝後期)比較，透明釉略有失透感或不熟的感覺。換言之，它缺乏標準宣德器那種清亮的感覺。至於棕眼與桔皮紋，早在明清有關歷史資料就已經有了記載，它是鑒定明代永樂、宣德瓷器釉面的顯著特徵之一。所謂棕眼，是指“釉面上呈現似皮革毛孔的細小凹孔”。而桔皮紋是指“瓷器的釉面不平整，呈現類似於桔皮肌理的現象”[16]。觀察我館元代瓷器展品與明代永宣器的藏品結合國內外圖片資料，發現棕眼一般出現在器物的口沿與底足處及器物的內壁上，在大型器物的器身上也會出現。而桔皮紋則在器物的器身與內壁上隨處可見。從元代瓷器胎骨氣孔狀分布的特徵，我們認為棕眼與桔皮紋的生成機理是，在器物成胎及施釉過程中，由於配胎的各種原料都是生料，事先沒有經過熟料化處理，於是在高溫燒結時必然會放出大量氣體，并以氣泡形式進入釉中，進而衝擊器物的釉面，於是在器物施釉較薄處容易衝破釉面而形成棕眼。而在器物挂釉較厚的地方，則無法衝破釉面，於是形成大小不同的氣泡狀與凹坑并存的現象。至於水綠色現象則多在器物的口緣與足邊等容易聚釉的地方出現。

三、關於元代御用款的探討

傳統理論認為，元代景德鎮卵白釉與青花瓷是在景德鎮南河兩岸 (湖田窯)燒製的，其中南岸以生產大型器外銷瓷為主，北岸以生產小型器國內瓷為主。一九八八年五月，景德鎮陶瓷考古研究所在風景路(明御廠故址北端，即珠山北麓)發現了一批元代官窯的瓷器殘片。經考證該類器物在元代，是衹有帝王才能享用的所謂“御用器”，而且認為這批

出土的瓷器殘片，是文宗統治時期(一三二八年至一三三二年)的官窯產品[17]。從該報告上看，景德鎮陶瓷考古研究所發現的這批元代官窯瓷器殘片屬搶救性發掘，“由於該遺存的南面延伸在交通要道之下，北方叠壓在現代建築物底下，再加上工程緊迫，發掘條件極差，該處未能取得翔實的地層學

【瓷藏館物博術藝族民元上古蒙內】

方面的資料，更未發現紀年遺物，要確定殘片的相對年代，就祇能從標準學角度進行考察了。”

上述信息為我們提供了一條綫索，即元代的御用窯址完全有可能就在珠山地區。經考古資料證實，景德鎮的珠山窯自南宋起其生產工藝水平與規模已超過湖田窯。珠山窯在昌江東側，湖田窯在南河兩岸，而南河又是昌江的支流。況且湖田窯較優質的瓷土在南宋時就已經面臨枯竭的境地了，於是不得不從昌江的上游祁門引進瓷土，從而使得珠山地區的製瓷工業得以超過湖田窯而後來居上。南宋之後的元、明、清三朝，都在珠山地區設管理陶瓷業的官方機構，而且明清二朝的御用窯廠就在珠山地區，那麼從邏輯上推理，珠山地區存在元代的御用窯完全是有可能的。而我館的許多展品恰好提供了這方面的實物證據。上面我們用了相當多的篇幅論述我館器物徵集區域所具有的特殊人文地理環境背景，況且本書所披露的相當一部分器物在國內外尚屬首次亮相，在缺乏確鑿考古學內容的條件下，我們也祇能用器物的來源背景、胎釉標準、圈足特點、形狀與紋飾的時代特徵等綜合因素，嚴格地進行考察。

1、白瓷類：展品[134–147]與插圖[八至九]等十六件白瓷，均屬所謂“御用器”的瓷種。其中展品[134–138]五件白瓷，不但底足挂釉，還刻有“官”字款識。此外，其文飾風格還帶有遼金時代的遺風，即蒙元時代的風格。其它方面暫且不論，僅從胎體上觀察，即露胎處顯現氣孔狀，胎色潔白閃青。從釉層肥厚、光澤柔和、有如美玉等特徵上看，說明其在釉料配比結構上既不同於宋代的青白釉也有別於元代的卵白釉，可能是釉灰的用量介於二者之間。展品[139]、[144]的龍紋與至正型青花風格相異，應在其之前。其中後者集印花、浮雕與堆貼等工藝為一體。展品[140]、[146]是宗教用品，特別是後者，它集印花、刻花、瓷塑、鏤雕、浮雕等多種工藝於一身，技術工藝之高令人叹服。展品[141–143]是反映異域風情的器物，其中展品[141]明顯帶有古希臘羅馬神話傳說的寓意，是歐洲與元朝文化交流的物證。而後二件則是反映波斯風格的器物。展品[147]清亮明快的釉層，以中原文化神涵的鳳紋為裝飾，用高浮雕、高難度的手法，充分展現了元代高度發達的製瓷水平。另外，該件器物與插圖[九]還銘有“樞府”的款識。在元代樞密院與中書省、御史臺等機構在設置上雖同屬中央行政機關，但實際上樞密院與

中書省、御史臺則迥然不同，它是獨立於其它中央機構之外自成體系的機構。換言之，其它中央機構的運行法則可承沿唐宋漢製，如行政權、財政權均可由色目人、蒙古人或漢人擔任，但樞密院這個軍事組織，其體製純用蒙古舊製(成吉思汗創建的)，即不受漢法干擾，亦不許漢人介入。其權力絕對在大汗手中，用人則在皇親國戚或貴胄親信之中選取，它是元代多元政治的集中體現。所以樞府在元代是除皇權之外的第二號特權機構，這一點從元代官窯瓷器中可以看到"內府"、"太禧"、"東衛"等皇帝御用瓷與祭祀瓷外，僅有"樞府"一個中央機構，還未見中書省、尚書省、御史臺等其它中央機構銘文瓷的例子。插圖[八]是一個製作難度非常大的五連瓶，這種高水平工藝復雜的器皿實屬罕見。

2、紅釉：展品[111]是一個紅釉青花魚紋玉壺春，青花銘文"大元國至大二年三月"與"樞府公用"。這件器物從銘文上看是元代武宗海山(一三零八年至一三一一年)，即一三零九年三月時的產品。終元一朝皇位的繼承體製都沒有形成定製，時而用預立太子的漢法，時而又用貴族大會(忽裏臺)這種游牧民族的傳統方式，致使元朝的皇位傳襲上始終充斥在刀光血影之中，武宗海山朝就是在這種形式下得以實現的，所幸的是在武宗之前成宗鐵木耳時期(一二九五年至一三零八年)，由於海都死**篤**哇降，西北方的內亂威脅已經消失，而南方漢人的反抗也基本結束，故在武宗執政時，可以說是元代國泰民安的極盛時期，他執政不滿四年，而協助武宗用武力奪取皇位的"皇太弟"愛育黎拔力八達(仁宗)此時為"中書令"兼領樞密院，他既是集軍政與民政為一身的權臣，又是未來皇位的合法繼承人，由此可見樞密院地位之顯要。在此太平盛事之際，在景德鎮設立浮梁局已有三十多年了，以樞密院這種特殊身份定燒紅釉青花瓷也在情理之中。況且愛育黎拔力八達(仁宗)本身既通曉漢法、禮教，又篤信佛教，是自忽必烈之後元朝不多見的賢明君主，在他繼位後相繼發生了：廢尚書省、廢至大鈔錢、尊孔崇儒、實行科舉、經理田賦、平察合臺後王等一系列文治武略的革新，從而使元朝政局為之一新。在本書展品[151]瓷器殘片中還有銘有"祐"的磁州窯系殘片，說明仁宗執政時期還曾有過向北方磁州窯系定燒瓷器銘款的例子。

展品[111]這件紅釉青花玉壺春從造型上應是奠定了典型元代玉壺春的標準樣式，從而有別於遼宋金與明代的造型。胎是潔白閃青有氣孔狀，釉色呈寶石紅玻璃質感強，青花係進口鈷料，底足修胎痕明顯呈火石紅。除本件外以下還有幾件御用瓷，均繪製有魚游文飾，其原因有二，它既是象徵佛教裝飾的元代雜寶之一，終元一代歷朝皇帝均篤信藏傳佛教。又是喻意"永遠向前，永不停息”(某藏傳佛教寺院活佛所解釋的話語)，因為魚這種動物日夜不閉眼，永不停止運動，以其表現一種精神。展品[112]是一件紅釉青花魚紋葫蘆三管瓶，從該件器物的造型上看，應是元朝創燒的新品種，也是東西方文化交流的產物。青花銘文“內府公用”，即皇宮御用品。該件器物的圈足非常有特點，底足不施釉，塗有胎汁，這構成元代瓷器的又一特徵，即無論白釉、紅釉、藍釉、青花及釉裏紅等底足的處理一般都有這個特點，一般大器塗抹較厚，而細瓷類塗抹較薄，且明晰可見刷痕，這種習俗至明代洪武、永樂、宣德朝還在沿襲。衹不過明代特別是永宣朝時，由於胎土的淘洗研磨更加精細，以致在器物底足上塗抹的胎水經高溫後形成所謂的“細砂胎”。實際胎汁與胎土基本上是同一類礦物質，在拉坯分段接胎時，它起到胎體之間的黏接作用。同時用刷子沾上胎汁在底足上塗抹，於是較講究的細瓷器底一般能看到明顯的刷痕，而大型器物則在底足上形成厚厚的胎料層。不論胎汁還是胎體，由於鐵元素含量較高的緣故(大約在百分之一左右)，在高溫條件下還原成所謂的“火石紅”現象。展品[112]的圈足與明初三朝器的圈足已具有相同的特徵了，即底足高牆、有棱角感，明顯見“火石紅”。由此推論，該件器物燒製年代在元順帝時期(一三三三年至一三六八年)。明代圈足風格沿襲元代的習俗也是歷史的必然現象。該件器物從底足上看顯見氣孔狀，胎體潔白閃青。銅紅釉燒製效果不錯，玻璃質感強。用三十倍的放大鏡觀察展品[111-112]與插圖[七]，可以看到小紅斑現象，即釉色不是均勻的紅色，而是由不規則的桔紅色小斑塊與鮮紅色小斑塊相套而成。另外，展品[111]與[112]的口沿處出現一條呈白色的透明釉邊綫，非常整齊，俗稱“燈草邊”。從這兩件器物的白色邊綫中還殘留有紅釉痕蹟上看，說明在高溫氣氛下，由於銅紅料的比重大從而流動性強，導致這種現象的產生。展品[112]與插圖[七]紅釉帶蓋香熏都是經二次焙燒的器物，前者在“內府公用”青花款的一個側面，後者在香爐的一衹耳上，由於第一次燒製時，本來該部位就不好挂釉加之銅紅釉的流動，以致出現露胎現象，無奈用銅紅釉第二次挂釉，又經一次焙燒而成。特別是後者的獅子紐蓋在燒製時一側出現裂縫，但由於紅釉的流動使裂縫黏接起來。

3、藍釉：展品[113]藍釉凸龍紋玉壺春與展品[114]藍釉白龍紋梅瓶都是刻有“內府”銘文。這兩件御用器與前兩件紅釉瓷均屬胎體厚重的實用器皿，其用途可能就是盛酒用的。根據龍紋與圈足特徵，我推測這兩件御用器的燒製年代在武宗(一三零八年至一三一一年)與仁宗(一三一二年到一三二零年)之間。據史書記載武宗與仁宗時期是元代政治、經濟形勢的鼎盛階段，同時兩人均有飲酒的嗜好。從龍頭後雙角不披髮。龍肘部僅有二條半長毛、腳為三爪，胸前與脊背上均有飄帶等特徵上看，既不是“至正型青花”的龍紋，也與景德鎮陶瓷考古研究所考證的文宗時期的龍紋不盡相同。從圈足上看，我們感覺與展品[111]的距離較近，是否在一三零八年至一三二零年政通人和的十三年間就奠定了足外撇，內牆斜削，矮圈足

【瓷藏館物博術藝族民元上古蒙內】

等典型元代瓷器之底足特徵，雖然綜合國內外的有關資料無從考證，但從底足修胎痕明顯不工整[113]與底足厚厚的胎汁堆積[114]，且後者胎體上打磨的痕蹟上看進行過二次焙燒等綜合特徵，我們得出以上結論。展品[115]青花銘文是“大元國至元二年三月”(一三三六年三月)與“內府公用”。這件御用器屬於胎體輕薄的細瓷，恰好我館在元上都遺址也發現類似的細瓷殘片(見展品[153])。這種薄胎的細瓷，從斷面上看仍然是氣孔現象明顯。其氣孔是像綫條一樣分布，胎色潔白閃青。除底部不施釉與明代瓷器(永樂、宣德、成化、弘治等)有區別外，其餘如短口、圓唇、底足高牆平削，足稍外撇，底足胎汁刷痕明顯，淡紅色的底足等情形與明初三朝的薄胎瓷已有相似之處，從這裏就可以看出元明之間瓷器製作水平與風格上的傳承關係。元順帝廟號“惠宗”，他在位有三十八年之久(一三三二年至一三七零年)，比世祖忽必烈多四年，是元朝在位最久的君主。有關他的形象說法不一，如《蒙古源流》一書并不認為他是一個壞皇帝，而明朝的官方史料則把他形容為典型的昏君(特別是在“土木之變”後)。根據《元史》的有關文獻，在元代漢文化造詣較高的有仁宗、英宗、文宗、惠宗等四人，這四人中仁宗執政九年，英宗與文宗執政衹有三年。我館展品銘年代款的四件瓷器中，武宗時期(實際是仁宗定燒的)一件，其餘三件均是惠宗時期(一三三二年至一三六八年)定燒的。惠宗繼位時(一三三二年)衹有十三歲，而到展品[115]時(一三三六年)他也衹有十七歲。從他十六歲(一三三五年)改“元統”年號為“至元”，仍用世祖忽必烈年號。說明他內心是想效仿世祖忽必烈治理好國家，從這一點上看至少不能說他是個壞皇帝。至於“天數已盡，非人力所能為之”，這也許是惠帝在位時元朝形勢的真實寫照吧！

4、青花：展品[80]銘文：“大元至正元年製”(一三四一年製)，該梅瓶是形大器重類型，矮圈足外撇、斜削，底足堆積厚厚的胎汁，從露胎處觀察胎體潔白閃青。無論是元代或是明初三朝，形大厚胎瓷與形小薄胎瓷，兩者的製作風格相異，分別稱之為“粗瓷”與“細瓷”。據有關材料記載，明初三朝細瓷的瓷土，是采用祁門與婺源兩地的瓷土，而粗瓷的胎土則取之景德鎮當地湖田瓷土，湖田瓷土較好的部分早在南宋時就已經用完了。由此導致大型器物的燒成率非常低。這件青花瓷為什麼會出現胎體密布黑斑的現象呢？或是由於元代大型器

物的瓷土取自湖田地區，瓷土較粗的緣故形成的。或是由於瓷土過分地淘洗，以致鐵元素含量過高加之還原氣氛把握不好而形成的這種現象。由展品[80]的例子說明，在元代至正初年大型青花瓷的製作還沒有達到成熟的程度，與此相關的情況可見展品[79]、[96]。

5、青花釉裏紅：　展品[129]銘文為："大元國至正六年製"(一三四六年)。這件青花釉裏紅是一件細瓷作品，胎釉潔白微閃青，青花與釉裏紅的呈色與繪製工藝均達到精美成熟的地步。矮圈足外撇斜削，底足塗有厚厚的胎汁，底足鐵元素還原成的黑斑清晰可見，釉面上有棕眼與桔皮紋現象。

四、關於元代瓷器分期的問題

綜上所述，我們認為元代瓷器的發展歷程可歸納為以下幾個階段:

1、從一二三四年至一三零七年間的蒙元時期。即以蒙古國窩闊臺汗滅金始至忽必烈滅南宋及成宗執政時期止。在這段歷史時期中曾發生過的與瓷器有關的事件有:一二三四年蒙古國窩闊臺汗滅金時，曾將金朝統治區域内幾十萬工匠帶回漠北草原。忽必烈建立元朝後，原在漠北的匠局陸續南遷至大都與上都。忽必烈滅南宋在景德鎮設立「浮梁瓷局」。於是分別有磁州窯系恢復生產（見展品[1-31]），磁州窯系燒製出釉下青花瓷(見展品[32-45])，磁州窯系燒製出釉下青花五彩瓷(見展品[57-66]與插圖一至四)。隨着「浮梁局」的設立，景德鎮生產出青白釉瓷(見展品[134-138])。

2、武宗至英宗時期(一三零八年至一三二三年)。在此時期北方磁州窯系仍在生產(見殘品[151])，而景德鎮在繼續生產青白釉瓷的同時，創燒出紅釉青花與藍釉(見展品[111]、[113-114]及插圖七)。

3、從泰定帝至文宗時期(一三二四年至一三三零年)，根據元代有關史料記載，從泰定帝始對包括景德鎮在內的製瓷工業出臺了新的政策，即"有命則供，否，則止，稅課而已[18]"的貢瓷政策，使得政府控製下的官窯從單純生產御用瓷轉變為還可以生產外銷的商品瓷，因為在"無命"時，衹要交稅就可以生產瓷器。由此可見，官窯與民窯均獲得了空前發展的有利時機。按照景德鎮陶瓷考古研究所考察文宗時期(一三二八年至一三三二年)官窯之龍紋特徵，本書與這個時期龍紋特徵相似的官窯產品有，白瓷類是展品[139]、[144]，青花瓷是展品[73-74]、[96]。但察看國内外類似這個時期龍紋特徵的青花瓷結合本書的展品，總的感覺是青花瓷的製作還沒有達到成熟的程度，即釉面的顏色是青灰色調子，小型青花瓷尚且如此，大型青花瓷則更差(見展品[96])。

4、惠宗時期(一三三三年至一三六八年)。本書展品（從內蒙古當地徵集的元瓷）

截止日期為至正十八年(一三五八年)，即元上都被農民起義軍燒毀，惠宗停止兩都巡遊製度止。實際上元朝末年大規模的農民起義運動是從至正十一年(一三五一年)開始的到至正二十一年(一三六一年)時景德鎮地區基本上被明軍的勢力所控製，元代景德鎮在惠宗時真正的生產時期也衹不過二十多年的光景，也就是在這個時期青花瓷、釉裏紅瓷才真正進入成熟階段。儘管展品[80]釉面上鐵銹斑痕明晰顯現，但釉面的呈色由過去的青灰色轉變為白中閃青，從而説明從至正年始釉料的配比結構發生了變化，加之燒製工藝的改進，終於在至正六年左右(見展品[129])使青花與釉裏紅的燒製工藝達到成熟水平。青白瓷中如展品[139]、[147]圈足特徵與明初三朝已達相似程度。紅釉瓷中如展品[112]的圈足與明初三朝具有相同的特徵。青花瓷中也不乏精巧之作，如展品[86-89]、[91]、[93-94]、[97-107]、[109]與插圖五等。龍紋特徵方面三爪、四爪與五爪同時并存，既有文宗時期龍紋形象的延續，如展品[86]、[93]，也有與現藏在英國大維德基金會銘至正十一年(一三五一年)龍紋形象的，如展品[89]與插圖五(五爪龍紋)。特別像展品[79]、[87]、[99]、[100]等這種體形碩大瓷的燒製成功，無疑是元代瓷器乃至中國瓷器發展史上的里程碑。展品[79]纏枝牡丹的葉紋與明初洪武時期具有相同的特徵，展品[87]、[99]、[100]的圈足與明初三朝具有相同的特點。上述青花瓷均有棕眼與桔皮紋及聚釉處水綠色現象，與明初永宣器許多方面已非常相近了。展品[122]這件釉裏紅中的鼎級品，其製作之工整，釉色之純正是元代乃至中國瓷器史上的奇蹟。圈足特徵與明初三朝器的傳承關係顯而易見。展品[123]與明洪武朝的紋飾風格如出一轍！展品[124]的紋飾風格、龍紋與圈足特徵與明洪武朝瓷器亦很接近！總之，青花與釉裏紅真正的成熟時期是在惠宗統治時期的事情，國內外許多青花與釉裏紅的精品均是這個時期生產的。而且這個時期的產品在許多方面，如圈足、釉料配比、紋飾風格、胎骨與釉面特徵等均與明代發達的製瓷工業有着明顯的歷史傳承關係。

【瓷藏館物博術藝族民元上古蒙內】

五、關於元代瓷器的文化內涵

綜觀元代瓷器的發展歷程，無論是磁州窯系還是景德鎮，其作品文化內涵之深邃，目前我們還無法全部領悟，就我們目前水平而言能夠感受到的有以下幾點:

1、多元文化的融合。上面我們提到，在中外歷史上，史書所稱的“蠻族人”建立的王朝基本上呈多元文化相融合的特徵，元朝就是明代史書所稱的蠻族人所建立的王朝，它也是中國歷史上第一個統一的多民族國家，元朝別於中國歷史上其它王朝的唯一特徵是，其疆域之大也是世界歷史上的奇蹟，難怪在評價上一個千年影響世界歷史進程的人物中，成吉思汗被世界媒體公認為第一人。由此，元王朝的文化結構是在保留蒙古族文化的同時繼承了中原的傳統文化，在此基礎上又包容了西藏的佛教文化、西域波斯文化乃至歐洲文化。以上這

超過30公分的有十八件，加之插圖中的三件，合計為二十一件。在景德鎮方面，青花瓷、紅釉、藍釉、釉裏紅、青花釉裏紅、白瓷等合計八十一件展品中高度超過30公分的有三十七件，超過40公分的有十九件，超過50公分的有五件。這些大型器又以各式瓶、各式罐、玉壺春等容器居多。根據內蒙

些內容從我館瓷器展品中均有充分體現。如梅瓶、玉壺春、各種形狀的罐、碗、盤等造型，大多數是自唐宋承襲而來的。衹不過由於受游牧民族生活習俗的影響，把瓶、罐、盤的形狀大型化罷了。這種製器大型化傾向，在我館展品中從蒙元時期的磁州窯系到景德鎮瓷，均有充分的體現。像高足杯、佛教塔、道教的葫蘆瓶、僧帽壺、多穆壺(我館有一件青花器)、扁壺、佛造像、人魚紋像、三壺聯通器等充滿佛道、西域、歐洲文化內涵的器物與紋飾，從我館的展品中均可一一看到。總之，從瓷器造型與紋飾上充分表現出元王朝，這個橫跨歐亞大陸帝國的氣魄。此外，在紋飾、造形、工藝材料的國際化傾向，及製胎、製釉、色料運用的創新，為明清兩代中國瓷器風行世界奠定了堅實的基礎。

2、酒文化。縱觀我館元代瓷器藏品，無論是磁州窯作品，還是景德鎮作品，其數量之多、品種之全、質量之精，都可以說是首屈一指、空前的。而我館藏品之中又以大型器物居多，如磁州窯系六十六件展品中高度

古元朝時特殊的人文、地理背景，這些器物可以說是元朝歷代皇帝與諸王宮庭生活的真實寫照。各式罐在元朝宮庭生活與佛寺廟宇中都有廣泛的用途。但各式瓶與玉壺春我們推測就是盛酒器皿。從各種史料上看，元朝歷代皇帝均有嗜酒習慣，加之各種數不清的宴會、祭祀活動(祭天、祭祖)、游獵，甚至喇嘛教的佛事活動均與酒有關。終元一朝歷代皇帝均崇信喇嘛教(時稱紅教)，它與明代中葉興起的黃教在戒律上有明顯區別，如元代的紅教注重訣咒，可以娶妻，飲酒。況且紅教在元朝所處社會地位之高，也是中國任何朝代都不可比擬的。元史中從武宗至文宗之間的三十餘年間就非常奇怪，為什麼皇帝更換的如此之快(六個皇帝)，而且每位皇帝去世的年齡之輕(除英宗被刺時衹有二十一歲外，其它均在三十歲左右)，令人費解。究其源，不排除嗜酒縱色的緣故。因此，從我館較多的盛酒之用的瓷器中，也從一個側面反映了元代宮庭生活中酒文化的痕蹟。這種酒文化的延續，即使在今天內蒙古草原上，仍然可以看得到它的

影子。

3、王昭君出塞圖的文化背景。在我館的展品中有兩件青花，一件釉裏紅，均反映同一題材的故事——王昭君出塞圖(元人狩獵圖)。其中展品[108]是從南方徵集的，而展品[109]與插圖六這兩件都是在元上都附近徵集的。與此相同主題的青花瓷還有一

【瓷藏館物博術藝族民元上古蒙內】

件在日本出光美術館。展品[109]與插圖六，一件青花一件釉裏紅，從胎骨上看均是潔白閃青的麻倉官土特徵，氣孔狀明顯。釉面均是白中微閃青色，有棕眼與桔皮紋現象，其中青花瓷的玻璃釉明亮透光，聚釉處有水綠色現象，釉裏紅的玻璃釉略有失透感。從年代上看同是惠宗執政時至正年時期的御用瓷。由於衆所周知的原因，在元朝時雜劇非常興盛，於是很多元雜劇的人物被搬上瓷器畫面，如本書展品[99]就是根據元代雜劇作家金仁杰《蕭河月夜追韓信》的劇情改編的。那麼這件青花與釉裏紅的御用瓷說明什麼問題？瓷面上有兩組主題圖案，一是元人狩獵圖，二是王昭君出塞圖，前者取材於元代統治者蒙古人的現實生活場景，後者來源或是取材於《後漢書·南匈奴傳》或來自元雜劇作家馬致遠的《漢宮秋》的故事情節。考慮到這兩件瓷是“御用瓷”這個前提，加之惠宗統治時期的特殊時代背景，故認為來源於《後漢書·南匈奴傳》為宜。馬致遠的《漢宮秋》的雜劇雖然也是取材於《後漢書·南匈奴傳》中漢元帝與王昭君的故事，但其內容和結局與原來的記載相差萬里，它是以悲劇的形式收場的。在元末時是嚴禁悲劇類雜劇上演的，稱之為「榜禁」。這樣作為漢文化修養較高的惠宗不可能在它定燒的瓷器上出現經過改編有礙其統治的主題內容。所以瓷面上關於元人狩獵圖與王昭君出塞圖的組合，其寓意是警示作用，即以惠宗為代表的元代統治中心，借用“胡漢和親”這個中國歷史上真實的故事，告誡元朝統治者如何緩解日益尖銳的民族矛盾。試想，元朝的統治者這個僅擁有百萬人口的民族，已經擁有歐亞廣大地域，不同區域文化的差異要求其統治駕馭方式的差異性也很大，在中國要統治擁有幾千萬人口的漢文化民族，這個少數統治者與多數被統治者之間的民族矛盾是無法迴避的現實問題，如果處理不好，肯定是要翻船的。這種正反兩個方面的例子古今中外比比皆是。也恰恰在此時，才有恢復科舉取士，甚至惠宗於一三四一年親試進士七十八人。一三四二年又開史局，詔修遼、金、宋三史等一系列文治措施的出臺。可惜的是，元朝到惠宗統治時期其天下早已由盛極到衰極，乾坤已不可能倒轉。但是，王昭君這個名字卻沒有被人們遺忘。她被稱之為中國歷史上的“四大美女”之一，即西施、貂嬋、楊玉環、王昭君。分別象徵着蘭花、荷花、牡丹、梅花的形象，所謂的閉月、羞花、沉魚、落雁就是人們對他們的贊譽。

今天當你來到內蒙古自治區首府呼和浩特市南郊九公里處，平原沃野之中一座巍峨高聳，姿態雄宏的青冢就會出現在你的眼前，這就是胡漢和親的見證——昭君墓。我國現代著名史學家翦伯贊在他的《內蒙古訪古》中寫道："在大青山腳下，衹有一個古蹟是永遠不會廢棄的，那就是被稱為青冢

【瓷藏館物博術藝族民元上古蒙內】

的昭君墓。因為在內蒙古人民心中，王昭君已經不是一個人物，而是一個象徵，一個民族團結的象徵，昭君墓也不是一個墳墓，而是一座民族友好的歷史紀念塔"。

書至於此，筆者仍有言猶未盡之感，內蒙古幅員遼闊，歷史文化燦爛悠久，本書所汲取的衹不過是滄海一粟而已，"路漫漫其修遠兮，吾將上下而求索"，本書謬誤之處，敬請各界同仁正之，不勝感激。

二〇〇〇年十月書於呼和浩特市

【内蒙古上元民族艺术博物馆藏瓷】

【圖 版】

元瓷新鉴
YUAN CI XIN JIAN

【 内 蒙 古 上 元 民 族 藝 術 博 物 館 藏 瓷 】

1

【元早期磁州窑系白釉缸】

高 39.5公分 口径 35公分

2

元早期磁州窯系黑釉瓜棱雙系罐（雙耳銘文"府"字）

高 21.5公分 口徑 15.5公分

3

元早期磁州窯系醬釉盤羊（一對）

高 19.5 公分 長 26 公分

4

元早期磁州窯系孔雀绿釉黑彩海水雲紋碗

高 7.4公分 口徑 23.6公分

5

元早期磁州窯系黑釉鐵銹花牡丹紋蓋罐

高 35公分

6

元早期磁州窑系酱釉白花缠枝牡丹纹盖罐

高31.5公分

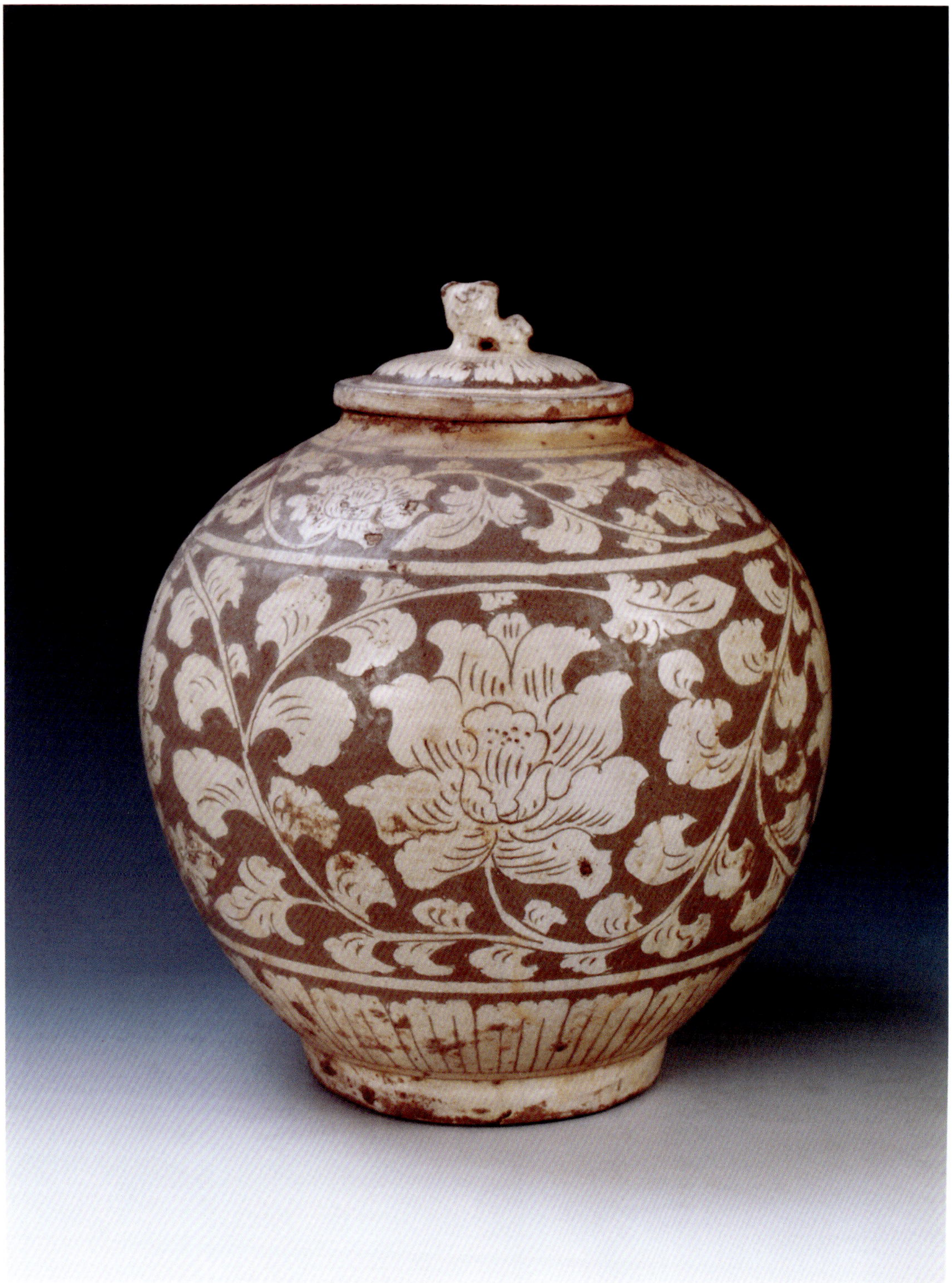

7

元早期磁州窑系缠枝花卉纹盖罐

高 35公分

8

元早期磁州窯系纏枝花卉蝴蝶紋蓋罐

高 30公分

9

元早期磁州窯系纏枝牡丹紋蓋罐

高 30.5公分

10

【元早期磁州窑系缠枝花卉纹罐】

高23.6公分

11

元早期磁州窯系嬰戲圖四系瓶

高 32.5公分

12

元早期磁州窯系嬰提坐蓮紋罐

高21.8公分

13

元早期磁州窑系人物骑马瓷像

高20公分

14

元早期磁州窯系開光人物騎馬花卉紋罐

高 29 公分　口徑 13.7 公分　腹直徑 35 公分

15

元早期磁州窑系人物凤纹双系执壶（一对）

高左 29.5公分 右 29公分

16

元早期磁州窯系纏枝剔花卉紋蓋罐

高 32.5 公分

17

元早期磁州窯系纏枝剔花卉紋碗

高 7.8公分 口徑 27.7公分

18

元早期磁州窑系剔花梅瓶

高 35.5 公分

19

元早期磁州窑系剔花梅瓶

高 41公分

20

元早期磁州窑系珍珠地莲池鸳鸯纹花口瓶

高 32公分

21

元早期磁州窯系蓮池魚藻紋塔形瓶

高 29公分

22

元早期磁州窯系麒麟紋瓶

高 36.6公分

23

【元早期磁州窯系鳳穿花紋蓋罐】

高 20公分

24

元早期磁州窯系花卉麒麟紋葵口碗

高 11.8公分 口徑 25.5公分

25

元早期磁州窑系卧羊香熏

高 27.5公分

26

元早期磁州窑系仙鹤花卉纹梅瓶

高 37公分

27

元早期磁州窑系開光鹿紋蓋罐

高 21公分

28

元早期磁州窯系仙鶴花卉紋四系罐

高 22.8公分

29

元早期磁州窯系折枝牡丹紋鷄頭壺

高 29.5公分

30

元早期磁州窑系开光鹿猴纹梅瓶

高 31.3 公分

31

元、磁州窯系開光花卉紋罐

高 26.1 公分 口徑 15.7 公分

32

元早期磁州窯系黑彩青花龍紋罐

高 23.2公分

33

元早期磁州窑系黑彩青花花卉纹梅瓶

高 38公分

34

元早期磁州窯系黑彩青花花卉紋四系壺

高 23.2公分

35

元早期磁州窑系青花酱红彩玉壶春

高 21.4公分

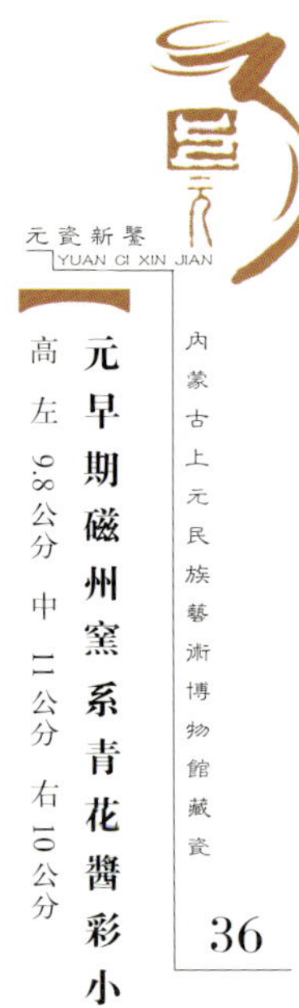

36

内蒙古上元民族藝術博物館藏瓷

元早期磁州窯系青花醬彩小壺

高 左 9.8公分 中 11公分 右 10公分

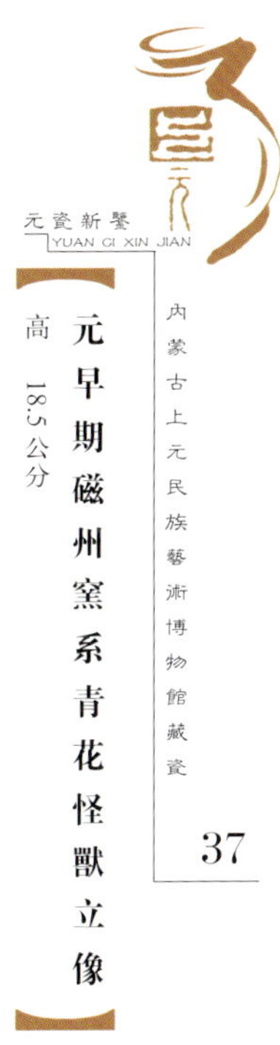

内蒙古上元民族藝術博物館藏瓷

37

【元早期磁州窯系青花怪獸立像】

高 18.5公分

38

元早期磁州窑系青花小提梁壶

高 二公分

39

元早期磁州窯系青花小罐

高 13.8公分

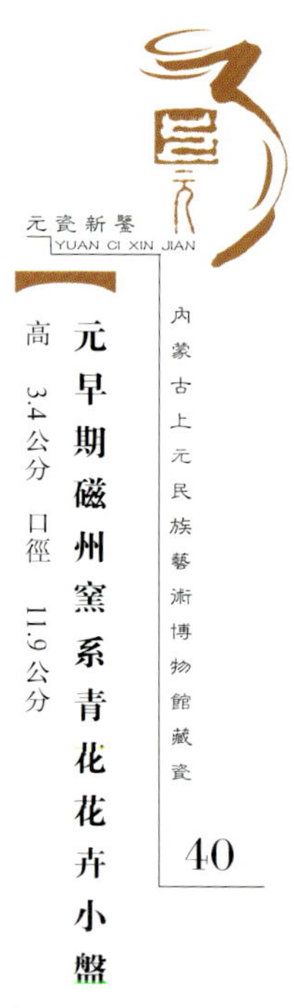

内蒙古上元民族藝術博物館藏瓷

40

【元早期磁州窯系青花花卉小盤】

高 3.4公分 口徑 11.9公分

41

元早期磁州窯系青花蓮花龍紋雙系蓋盒

高 11.8公分 口徑 26.2公分

42

元早期磁州窯系青花纏枝菊花橄欖式瓶

高 47公分 口徑 10公分 底徑 11.3公分

43

元早期磁州窯系青花纏枝菊花鳥紋四系橄欖式瓶

高 47公分 口徑 9.5公分 底徑 11.3公分

44

元早期磁州窑系青花酱彩花卉纹四系壶

高 22.8公分

45

元早期磁州窑系青花四季碗

高 4.6公分 口徑 13.7公分

46

遼金時期孔雀藍釉陶罐

高二公分

47

遼金時期孔雀綠釉雙龍耳壺

高28公分

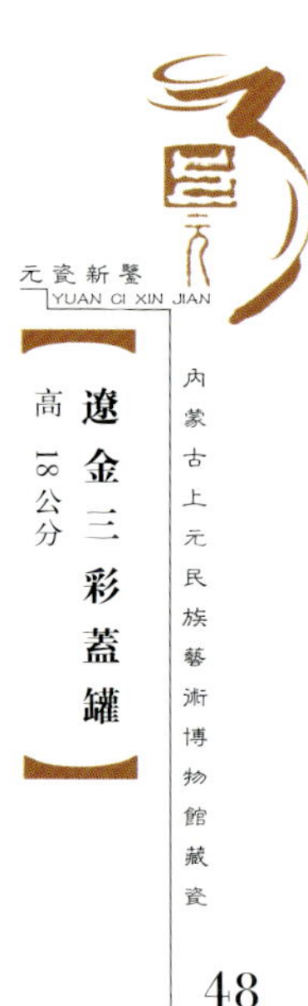

48

遼金三彩蓋罐

高 18公分

內蒙古上元民族藝術博物館藏瓷

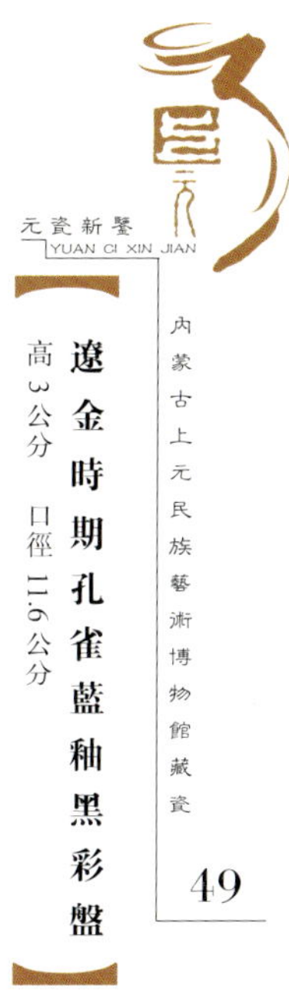

内蒙古上元民族藝術博物館藏瓷

49

遼金時期孔雀藍釉黑彩盤

高3公分　口徑11.6公分

50

遼金元時期孔雀緑釉虎頭缸

高26公分

51

遼金紅綠彩魚游圖花口碗

高 5.4公分 口徑 18.2公分

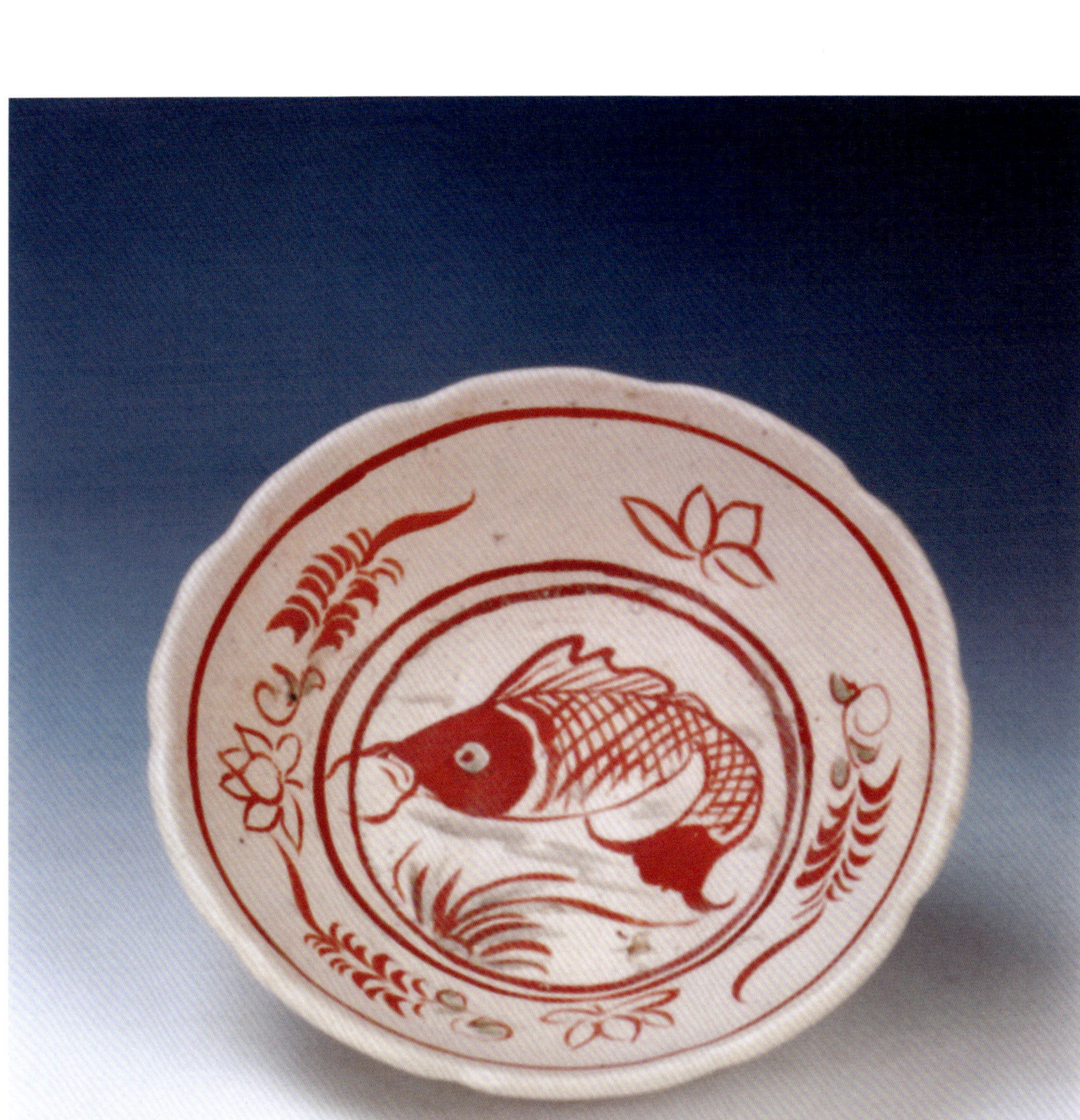

52

遼金紅綠彩石榴圖碗

高 5.5公分 口徑 14.1公分

53

【辽金红绿彩石榴蔓草纹碗】

高 5.5公分 口径 14公分

54

遼金紅綠彩折枝牡丹紋碗

高 5.7公分 口徑 13.3公分

55

遼金紅彩嬰戲圖盤

高 4.3公分 口徑 20.6公分

56

元早期磁州窯系瑞獸雲紋豉釘鉢

高 8公分 口徑 21.5公分

57

【元早期磁州窯系青花褐黄彩盤】

高 4.1公分 口徑 19.6公分

58

元早期磁州窯系青花紅彩小執壺（一對）

高 6.8公分

59

金元磁州窑系五彩人物哨子

高 6.3公分

60

元早期磁州窑系青花五彩人物坐像（一对）

高 10.6 公分

61

元早期磁州窑系青花五彩人物头像瓶

高 23公分 底径 7.7公分

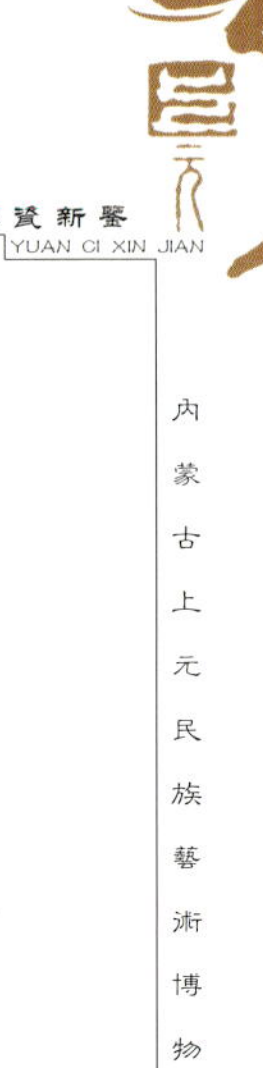

61

元早期磁州窑系青花五彩人物头像瓶

高 23公分 底徑 7.7公分

62

元早期磁州窑系青花五彩双系执壶

高 15.8公分 口径 9.8公分 底径 10.3公分

63

元早期磁州窑系孔雀绿釉青花五彩碗

高 9公分 口徑 20公分

64

元早期磁州窑系青花五彩鸡头龙柄双系执壶

高 35.5公分

65

元早期磁州窯系青花五彩高足碗

高 8公分 口徑 8.1公分 底徑 4公分

66

元早期磁州窯系青花五彩纏枝牡丹紋梅瓶

高42公分

67

元早期景德鎮青花雙系執壺

高 12.3公分

68

元早期景德鎮黑料青花執壺

高 14.2公分

69

元早期景德镇黑料青花缠枝菊花纹罐

高 22.4公分 口径 17公分

70

元早期景德鎮黑料青花雙獸耳蓋罐

高 26.5公分

71

元早期景德鎮青花纏枝菊花紋荷葉蓋罐

高 21公分

72

【元景德鎮青花雲龍紋獸耳瓶】

高 13.5 公分

73

元景德镇青花龙纹玉壶春

高 19.5公分

74

元景德鎮青花龍紋高足碗

高 13.6公分 口徑 16.5公分

75

元景德鎮青花龍紋高足碗

高 10.6公分 口徑 11公分

76

元景德鎮青花纏枝牡丹紋罐

高17.3公分

77

元景德鎮青花纏枝牡丹紋罐

高 17.3公分

78

元景德鎮青花纏枝牡丹紋罐

高 21公分

79

元景德镇青花缠枝牡丹纹大盘

高8.8公分 口径62公分

80

元景德鎮青花纏枝牡丹紋梅瓶

高41公分 底徑16公分

81

元景德鎮青花纏枝牡丹紋罐

高 15.1 公分

82

元景德鎮青花纏枝牡丹紋罐

高19公分

83

元景德镇青花缠枝牡丹纹梅瓶

高38公分

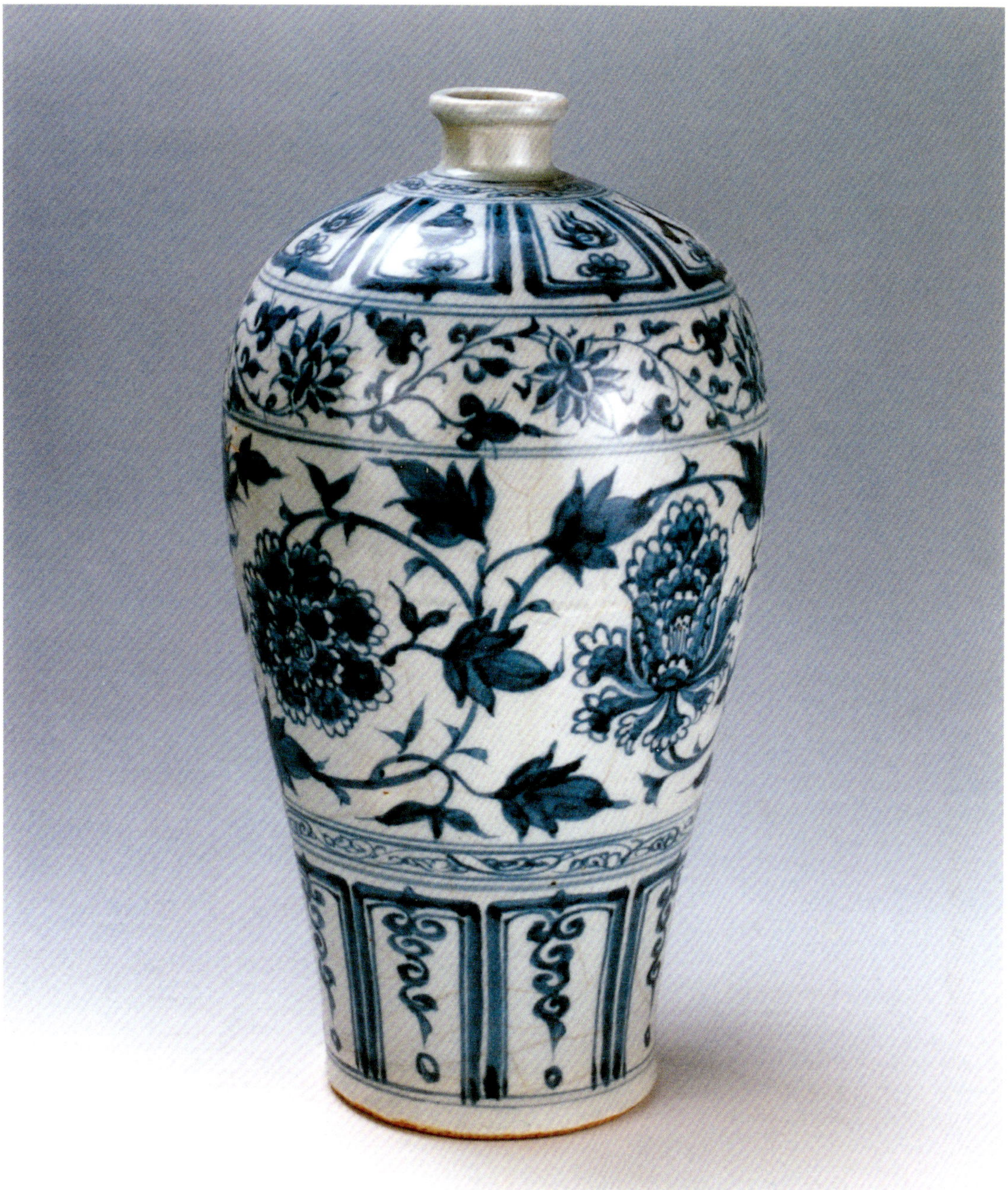

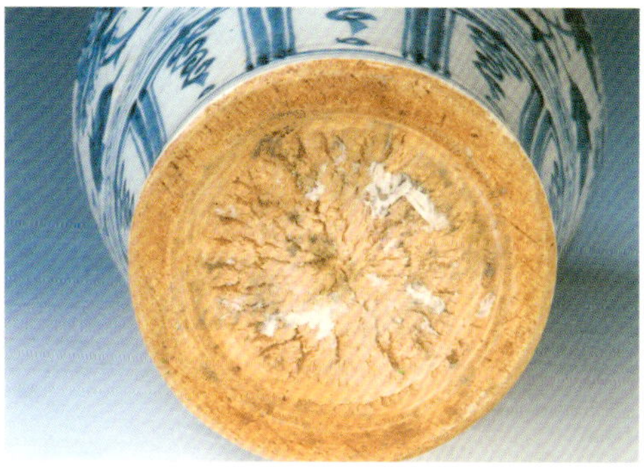

84

元景德镇青花婴戏纹碗

高 5.6公分 口径 14公分

85

元景德鎮青花龍鳳紋球形瓶

高15公分

85

元景德鎮青花龍鳳紋球形瓶

高 15公分

86

元景德鎮青花雲龍紋象耳罐

高 32.6公分

87

元景德鎮青花開光花卉草蟲鳳紋尊

高 53 公分　口徑 26.5 公分　底徑 21 公分

87

元景德鎮青花開光花卉草蟲鳳紋尊

高 53 公分　口徑 26.5 公分　底徑 21 公分

88

元景德鎮青花鳳紋玉壺春

高 31.3 公分

89

元景德鎮青花雲龍紋象耳瓶

高48公分

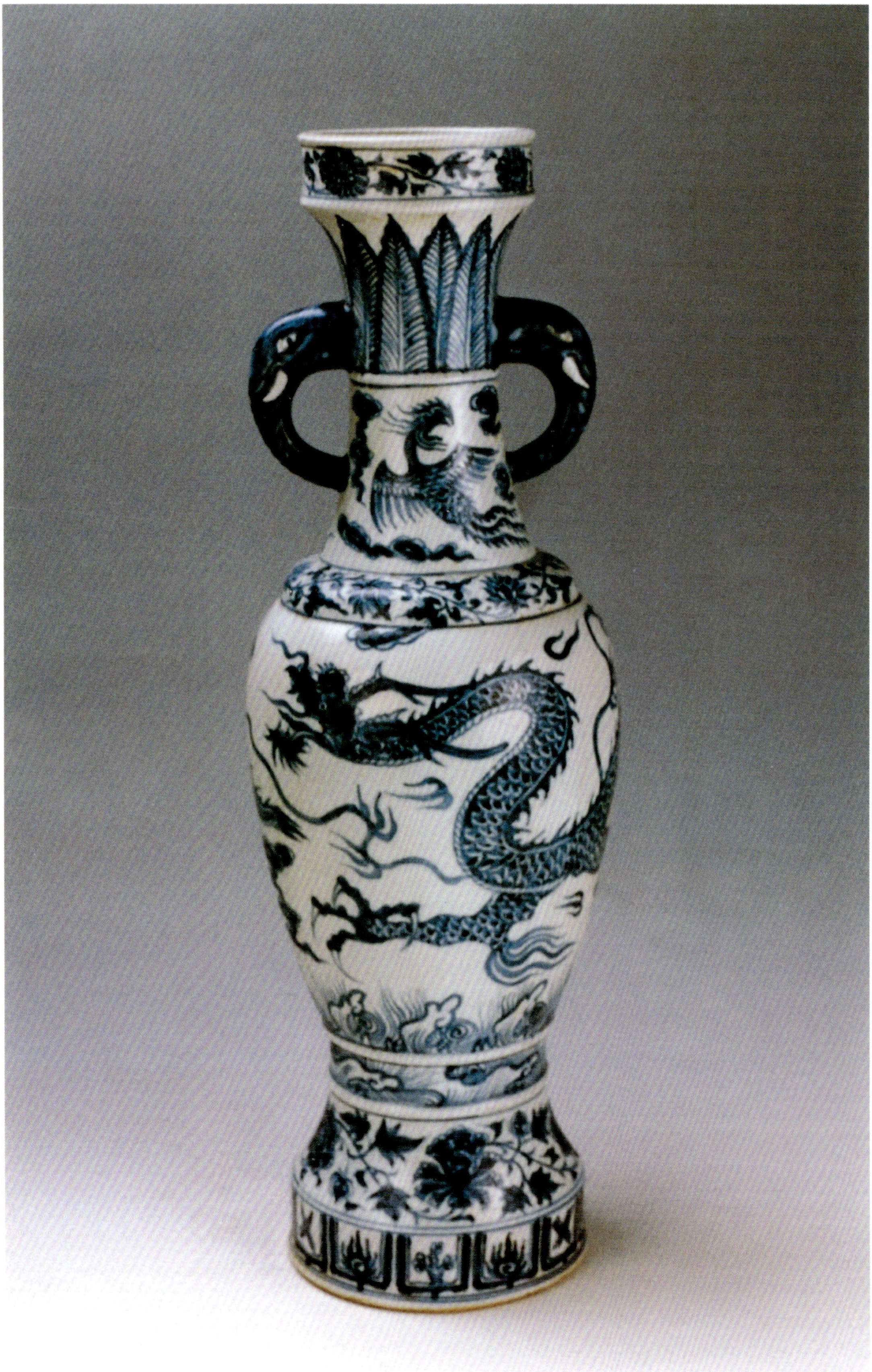

90

元景德鎮青花蓮池鴛鴦紋托盤

高 9公分 長 27.5公分 寬 21.5公分

91

元景德鎮青花荷蓮雜寶紋蓮瓣形盤

高 6.1公分 口徑 26.5公分

92

元景德鎮青花蓮池鴛鴦紋盒

高 9公分　口徑 23公分

93

元景德鎮青花雲龍紋帶蓋梅瓶

高48公分

94

【元景德鎮青花四季花果八棱罐】

高21公分

95

元景德鎮青花人物紋瓶

高 39公分

95

元景德镇青花人物纹瓶

高39公分

96

元景德鎮青花雲龍紋大梅瓶

高 63公分　底徑 19.5公分

97

元景德鎮青花開光折枝花卉八棱形玉壺春

高41公分

98

元景德镇青花人物钵形缸

高29公分

98

元景德镇青花人物钵形缸

高29公分

99

元景德鎮青花人物紋瓶（蕭何月下追韓信）

高 53公分　底徑 21公分

99

【元景德鎮青花人物紋瓶（蕭何月下追韓信）】

高 53公分 底徑 21公分

100

元景德鎮青花鳳紋八棱瓶

高 51.3公分

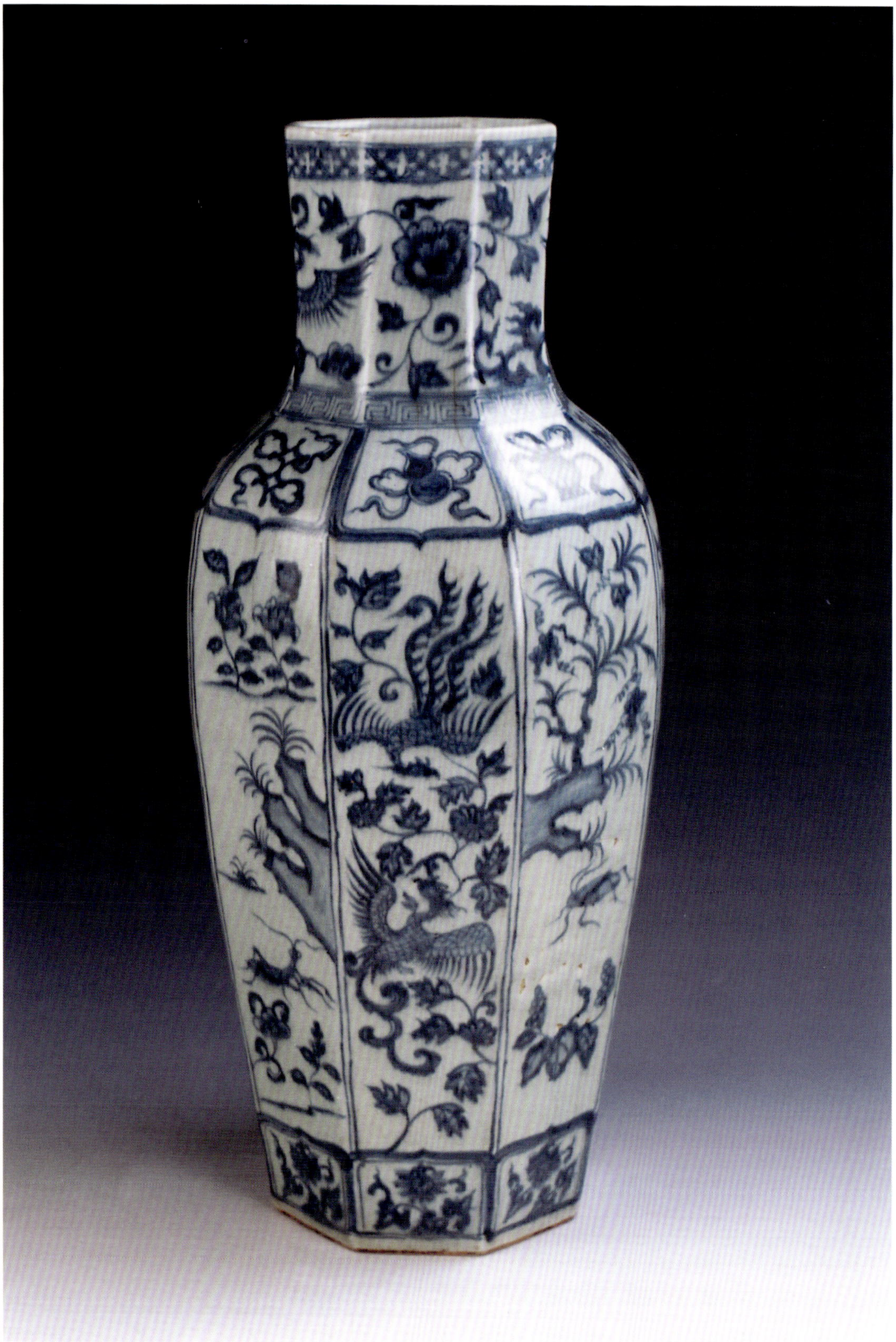

100

元景德鎮青花鳳紋八棱瓶

高 51.3 公分

101

元景德鎮青花折枝牡丹紋花口折沿盤

高 7公分 口徑 40公分

102

元景德鎮青花蓮池魚藻紋罐

高 18.7公分

103

元景德镇青花人物瓜棱罐

高 18.5 公分

103

元景德鎮青花人物瓜棱罐

高 18.5公分

104

元景德鎮青花雙獅戲球紋蒜頭式罐

高21公分

105

元景德鎮青花蓮池鴛鴦圖蒜頭式罐

高 31.5公分

106

元景德镇青花凤纹大罐

高 35.5 公分

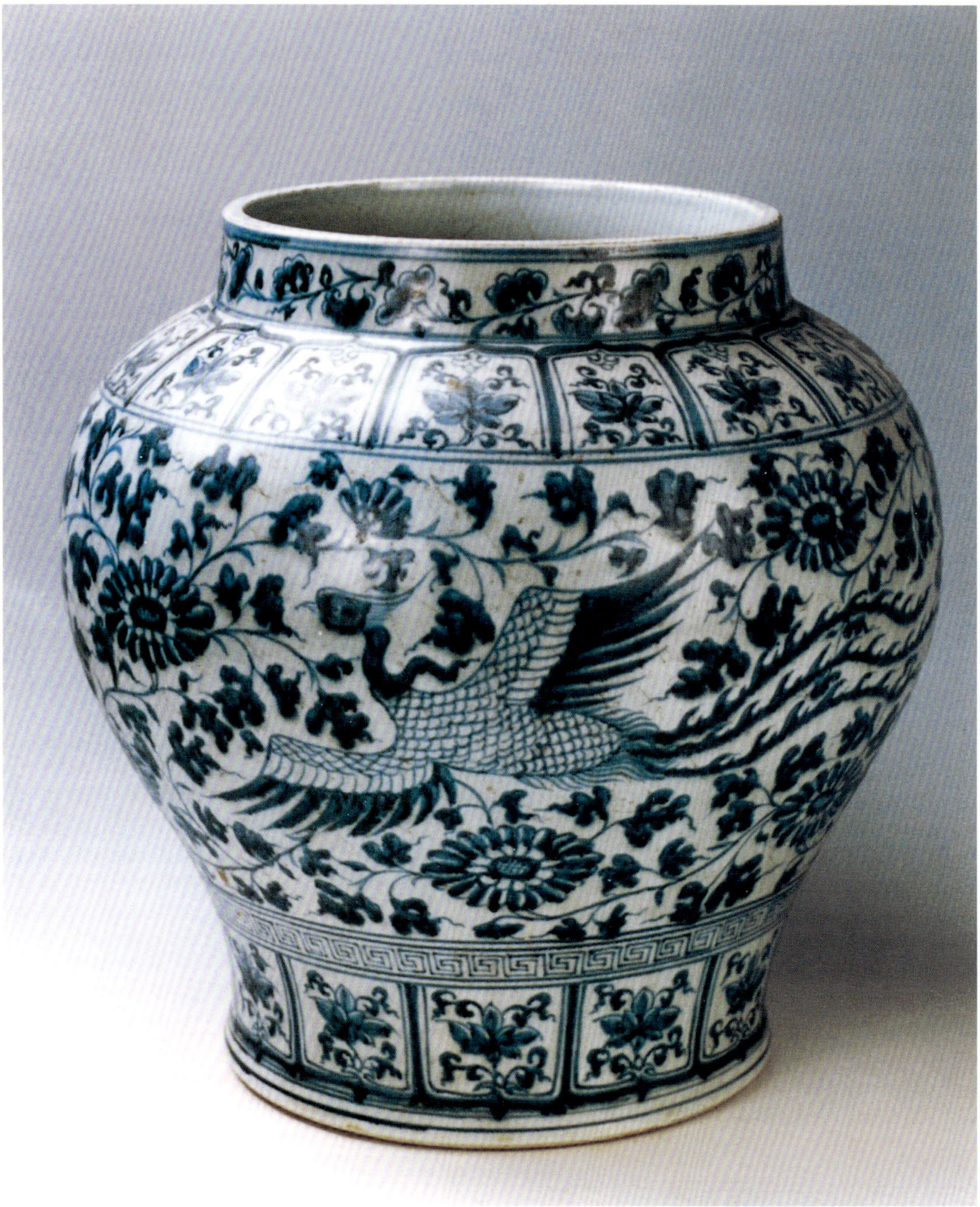

107

元景德鎮青花蓮池魚藻紋梅瓶

高 27.8公分

108

元景德鎮青花人物騎馬狩獵圖罐（王昭君出塞）

高 22.5 公分

108

元景德镇青花人物骑马狩猎图罐（王昭君出塞）

高 22.5 公分

109

元景德鎮青花人物騎馬狩獵圖罐（王昭君出塞）

高 31.5 公分

109

【元景德鎮青花人物騎馬狩獵圖罐（王昭君出塞）】

高 31.5 公分

110

元景德鎮青花仙鶴雲紋葫蘆瓶

高 27.2 公分

111

元景德鎮紅釉青花魚紋玉壺春

高33公分

111

元景德鎮紅釉青花魚紋玉壺春

高33公分

112

元景德鎮紅釉青花魚紋葫蘆三管瓶

高42公分

112

元景德鎮紅釉青花魚紋葫蘆三管瓶

高 42公分

113

元景德鎮藍釉凸龍紋玉壺香

高 44.2公分 口徑 13.8公分 底徑 14.2公分

113

元景德鎮藍釉凸龍紋玉壺香

高 44.2公分 口徑 13.8公分 底徑 14.2公分

114

元景德镇蓝釉白龙纹梅瓶

高 42.2 公分

115

元景德鎮藍釉釉裏紅魚紋梅瓶

高 30.5公分

115

【元景德鎮藍釉釉裏紅魚紋梅瓶】

高 30.5 公分

116

元景德鎮釉裏紅鳥紋玉壺春

高 21.7 公分

117

元景德鎮釉裏紅鳳紋玉壺春

高 19公分

118

元景德镇釉裏紅鳳紋僧帽壺

高 20.5 公分

119

元景德鎮釉裏紅纏枝花卉鳳紋碗

高 8公分 口徑 20.5

120

元景德鎮釉裏紅鳳穿花卉紋三壺連通器

高43.5公分 底間距32公分

121

【元景德鎮釉裏紅花卉紋小罐】

高 10公分

122

元景德鎮釉裏紅蓮池魚藻紋蓋罐

高 37.5公分　底徑 17.6公分

122

元景德鎮釉裏紅蓮池魚藻紋蓋罐

高 37.5公分 底徑 17.6公分

123

元景德鎮釉裏紅松竹梅大罐

高 36.5公分 底徑 17.5公分

123

元景德鎮釉裏紅松竹梅大罐

高 36.5公分 底徑 17.5公分

124

元末明初景德鎮釉裏紅雲龍紋象耳瓶

高 49公分 底徑 17.6公分

125

元末明初景德鎮釉裏紅松竹梅執壺

高 40公分 底徑 11.7公分

126

元末明初景德鎮釉裏紅鳳紋梅瓶

高 41 公分　底徑 15.3 公分

127

元景德鎮青花釉裏紅花紋碗

高 7.2公分 口徑 21.7公分

128

元景德鎮青花釉裏紅瑞獸紋蓋罐

高二公分

129

元景德鎮青花釉裏紅纏枝牡丹紋梅瓶

高30.7公分

130

元景德鎮青花釉裏紅堆貼鏤花卉蓋罐

高37公分

131

元景德鎮青花釉裏紅纏枝蓮花紋罐

高23.9公分

132

元景德鎮青白釉纏枝牡丹紋梅瓶

高29.8公分

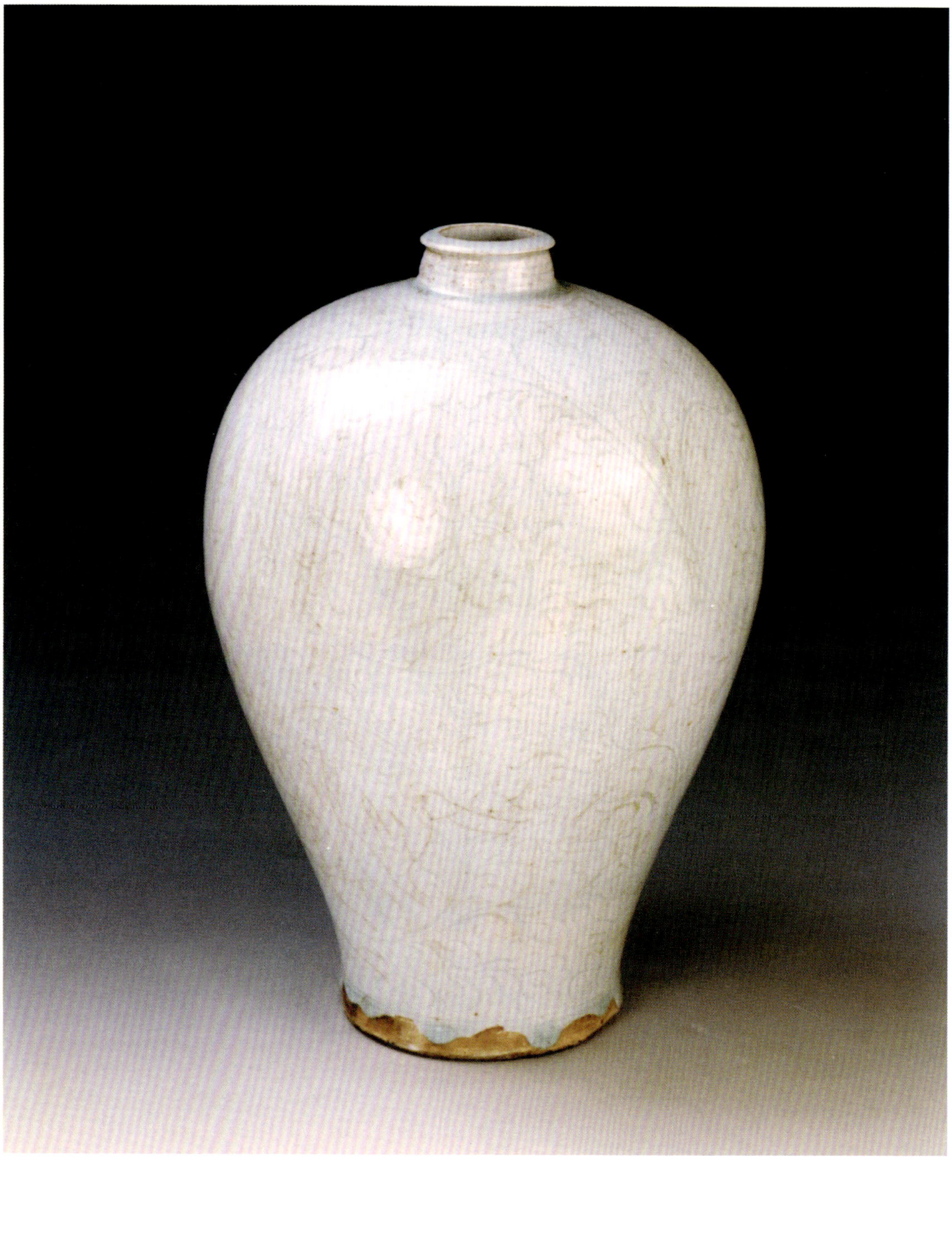

133

元景德鎮青白釉凸雕龍虎鶴蓋瓶

高 105 公分

134

元景德鎮白瓷雲龍紋雙龍耳形瓶

高 32.5 公分

135

元景德鎮白瓷雲龍紋雙系扁壺

高 32.5公分

136

元景德鎮白瓷開光龍鳳紋花口瓶

高 31.5公分

137

元景德鎮白瓷纏枝牡丹紋蒜頭瓶

高 25.2公分

138

元景德鎮白瓷葫蘆瓶

高 25.3 公分

139

元景德鎮青白釉雲龍紋梅瓶

高35公分

140

元景德鎮卵白釉露胎觀音瓷雕

高29公分

141

元景德鎮卵白釉人魚紋雕瓷像

高 19.5公分

142

元景德鎮卵白釉人物牽馬像

高 21.8公分 長 16.5公分

143

元景德鎮卵白釉雙系扁蓋壺

高25公分

144

元景德鎮卵白釉雲龍紋獸耳玉壺春

高 45.5 公分

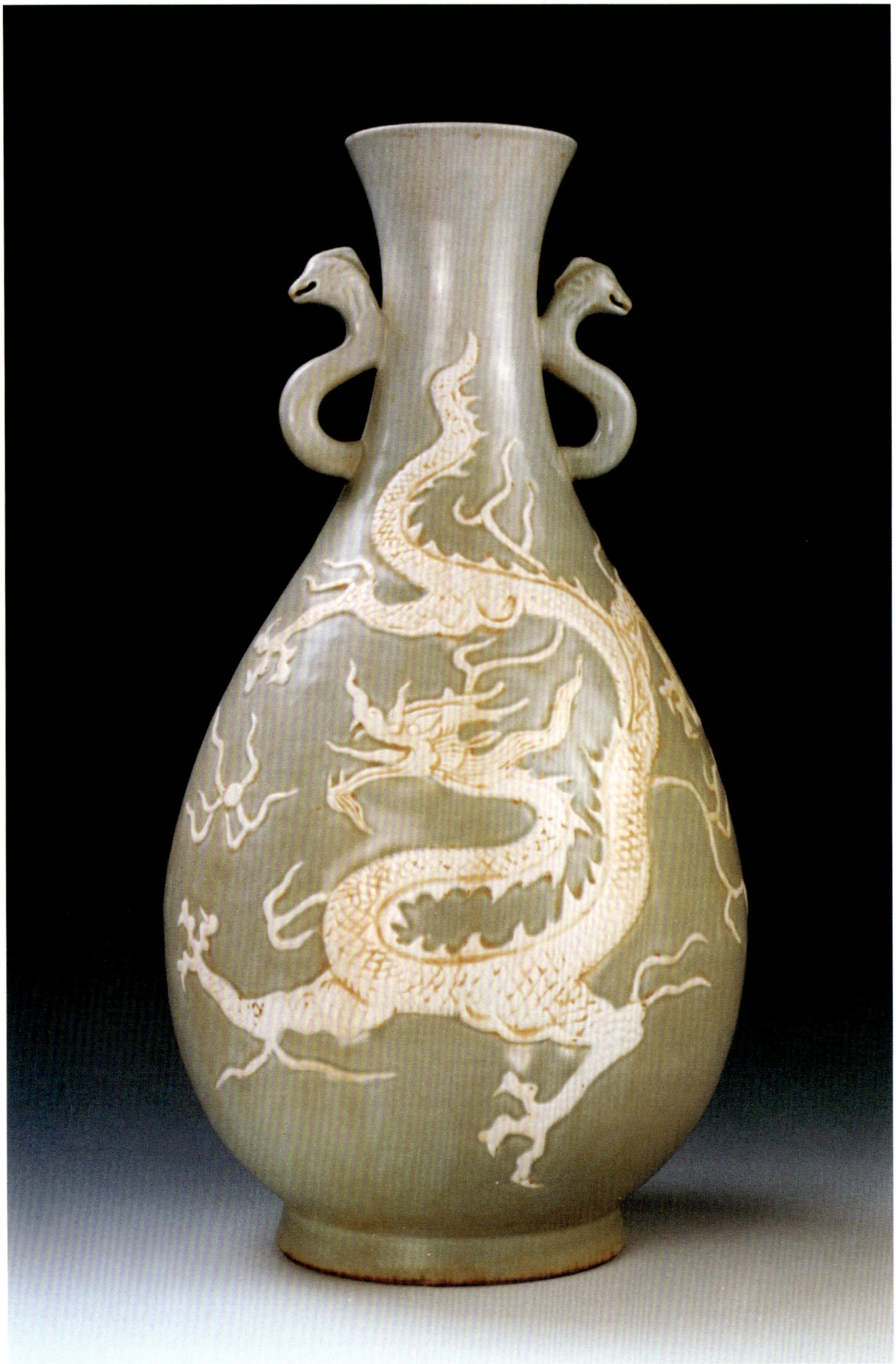

145

【元景德鎮卵白釉松竹梅梅瓶】

高 28.2 公分

146

元景德镇卵白釉塔形器

高 42.4公分

147

元景德鎮青白釉凸鳳紋蓋罐

高38.5公分

147

元景德鎮青白釉凸鳳紋蓋罐

高 38.5 公分

148

新仿元磁州窑系青花五彩盖罐

149

新仿元磁州窑系青花五彩盖罐

150

新仿元磁州窑系青花五彩梅瓶

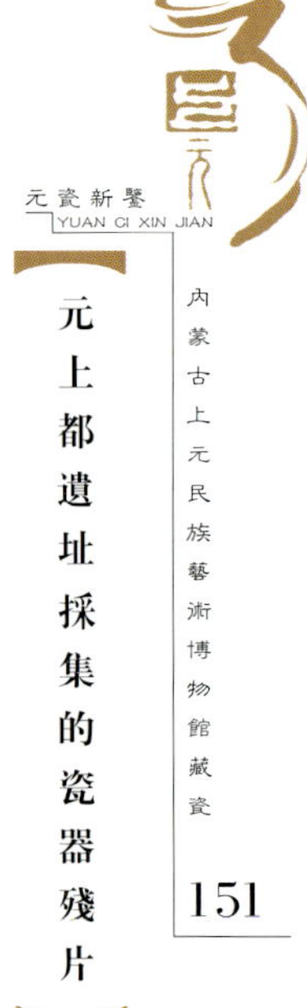

元上都遺址採集的瓷器殘片

内蒙古上元民族藝術博物館藏瓷

151

一	二	三
四	五	六
七	八	九

一—六 元磁州窑系殘片

七—八 遼金紅綠彩殘片

九 元絞胎碗片

十	十一	十二
十三	十四	十五
十六	十七	十八

元代遗址采集的瓷器残片

152

十　元代红釉高足杯残片
「元上都遗址采集」

十一　元代蓝釉「另一面青花」残片
「元上都遗址采集」

十二　元代青花高足杯残片
「元上都遗址采集」

十三　元代青花瓷残片
「元上都遗址采集」

十四　元代青花瓷梅瓶残片
「元净州路遗址采集」

十五　元代青花瓷残片
「元净州路遗址采集」

十六
十七　元代青花高足杯残片
十八　「元净路遗址采集」

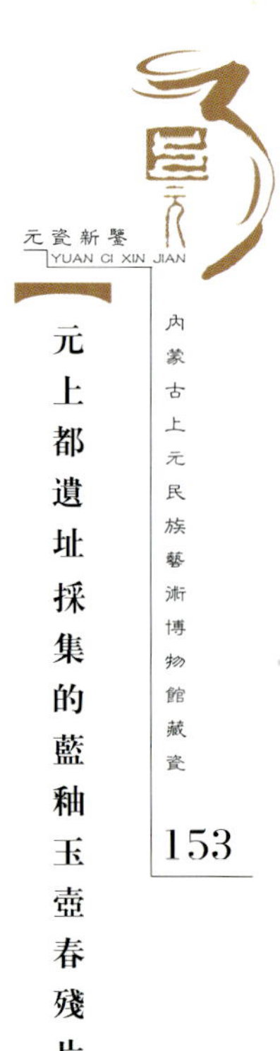

【元上都遺址採集的藍釉玉壺春殘片】

内蒙古上元民族藝術博物館藏瓷

153

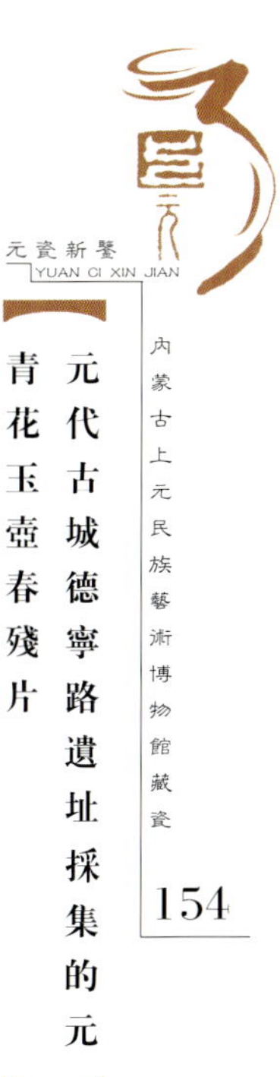

内蒙古上元民族藝術博物館藏瓷

154

【元代古城德寧路遺址採集的元青花玉壺春殘片】

二十一	二十二	二十三
二十四	二十五	二十六
二十七	二十八	二十九

元瓷新鑒
YUAN CI XIN JIAN

【元上都遺址採集的瓷器殘片】

內蒙古上元民族藝術博物館藏瓷

155

二十一
二十二 元鈞瓷殘片
二十三
二十四 元卵白釉高足碗殘片
二十五 元卵白釉香爐殘片
二十六 元卵白釉碗殘片
二十七 元龍泉窯碗殘片
二十八 元卵白釉高足碗殘片
二十九 元龍泉窯碗殘片

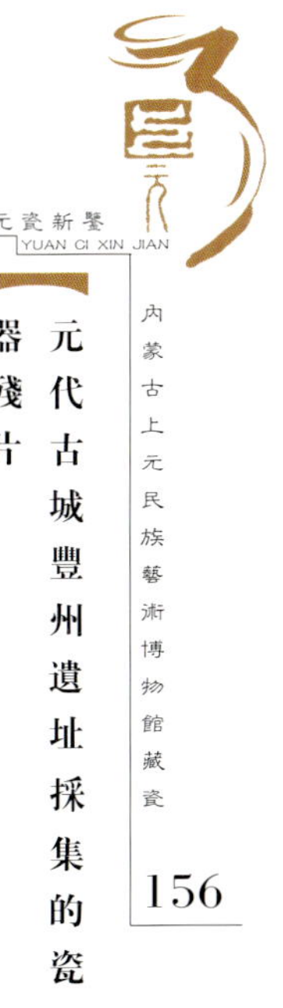

156

【元代古城豐州遺址採集的瓷器殘片】

三十	三十一	三十二
三十三	三十四	三十五
三十六	三十七	三十八

三十　元卵白釉碗殘片

三十一
三十二　遼白瓷罐殘片

三十三
三十四
三十五　元鈞瓷碗殘片

三十六
三十七
三十八　元龍泉窯碗殘片

【内蒙古上元民族艺術博物館藏瓷】

【附録一】

附録一：元朝皇帝巡幸上都日期表[19]

元朝皇帝巡幸上都日期表				
帝　名	年　代	從大都啟程日期	返回大都日期	備　注
元世祖忽必烈	中統元年		三月一日至開平，七月，北上征阿裏不哥。	冬,從和林返回,駐燕京近郊。
元世祖忽必烈	中統二年		二月十四日至開平，秋，北征阿裏不哥。	十一月，回師駐潮河川。
元世祖忽必烈	中統三年	缺載	缺載	
元世祖忽必烈	中統四年	二月十四日（甲子）	八月二十五日（壬申）	五月改開平府為上都
元世祖忽必烈	至元元年	二月二十八日（癸酉）	九月十日（辛巳）	
元世祖忽必烈	至元二年	二月十七日（丁巳）	八月二十三日（戊子）	
元世祖忽必烈	至元三年	二月十九日（癸未）	九月二十九日（戊午）	
元世祖忽必烈	至元四年	二月二十九日（丁亥）	九月二十九日（癸丑）	
元世祖忽必烈	至元五年	缺載	九月十七日（乙丑）	
元世祖忽必烈	至元六年	缺載	九月二十八日（辛未）	
元世祖忽必烈	至元七年	三月十五日（甲寅）	十月二十二日（已丑）	
元世祖忽必烈	至元八年	三月二十一日（甲申）	八月二十一日（壬子）	
元世祖忽必烈	至元九年	二月十九日（戊申）	八月二十日（乙巳）	二月改中都為大都
元世祖忽必烈	至元十年	三月二十日（癸酉）	九月二十七日（丙午）	
元世祖忽必烈	至元十一年	二月二十五日（壬申）	九月二十日（癸巳）	
元世祖忽必烈	至元十二年	二月十九日（庚午）	八月二十三日（辛酉）	

元朝皇帝巡幸上都日期表				
帝　名	年　代	從大都啟程日期	返回大都日期	備　注
元世祖忽必烈	至元十三年	二月二十五日(辛酉)	八月十八日(庚辰)	
元世祖忽必烈	至元十四年	二月十五日(甲戌)	缺載	
元世祖忽必烈	至元十五年	缺載	十月十日(庚申)	
元世祖忽必烈	至元十六年	二月二十七日(甲辰)	八月二日（丁丑）	
元世祖忽必烈	至元十七年	三月三日(甲辰)	九月十三日(壬子)	
元世祖忽必烈	至元十八年	三月十一日(丙午)	閏八月十四日(丙午)	
元世祖忽必烈	至元十九年	二月二十四日(甲寅)	八月二十八日(甲寅)	
元世祖忽必烈	至元二十年	三月十二日(丙寅)	十月十二日(壬辰)	
元世祖忽必烈	至元二十一年	三月十七日(丙寅)	八月二十五日(庚午)	
元世祖忽必烈	至元二十二年	二月二十五日(戊辰)	八月十六日(丙辰)	
元世祖忽必烈	至元二十三年	三月十日(丙子)	十月六日(己亥)	
元世祖忽必烈	至元二十四年	閏二月二十九日(庚寅)	缺載	
元世祖忽必烈	至元二十五年	三月六日(庚寅)	九月十日(壬辰)	
元世祖忽必烈	至元二十六年	二月十七日(丁卯)	閏十月二日(戊寅)	
元世祖忽必烈	至元二十七年	四月一日(癸酉)	缺載	
元世祖忽必烈	至元二十八年	二月十五日(癸未)	缺載	
元世祖忽必烈	至元二十九年	三月十八日(庚戌)	八月十六日(甲辰)	
元世祖忽必烈	至元三十年	二月二十日(丁未)	九月一日(癸丑)	

元朝皇帝巡幸上都日期表				
帝　名	年　代	從大都啟程日期	返回大都日期	備　注
元世祖忽必烈	至元三十一年	正月二十二日(癸酉)忽必烈病死於大都	四月二日(壬午)成宗鐵穆耳在上都即位	十月二日(戊寅)成宗至大都
成宗鐵穆耳	元貞元年	二月二十日(丁酉)	九月三日(甲戌)	
成宗鐵穆耳	元貞二年	三月八日(丙子)	十月十七日(壬子)	
成宗鐵穆耳	大德元年	三月十四日(丙子)	九月二十二日(壬午)	
成宗鐵穆耳	大德二年	二月二十八日(乙酉)	九月十二日(丙申)	
成宗鐵穆耳	大德三年	二月二十八日(庚辰)	九月二十一日(己亥)	
成宗鐵穆耳	大德四年	二月二十九日(乙亥)	閏八月二十八日(庚子)	
成宗鐵穆耳	大德五年	二月二十七日(丁酉)	十月十七日(壬午)	
成宗鐵穆耳	大德六年	四月二十四日(戊子)	十月十六日(丙子)	
成宗鐵穆耳	大德七年	三月二十六日(甲寅)	九月四日(戊午)	
成宗鐵穆耳	大德八年	二月二十四日(丙午)	九月四日(癸丑)	
成宗鐵穆耳	大德九年	三月一日(丁未)	九月十七日(庚申)	
成宗鐵穆耳	大德十年	二月二十八日(戊辰)	十一月二日(已巳)	
成宗鐵穆耳	大德十一年	正月八日(癸酉)成宗病死於大都	五月二十一日(甲申)武宗即位於上都。	九月三日(甲子)武宗至大都
武宗海山	至大元年	三月十九日(戊寅)	九月二十日(乙亥)	
武宗海山	至大二年	三月七日(庚寅)	九月七日(丙戌)	

元朝皇帝巡幸上都日期表				
帝　名	年　代	從大都啟程日期	返回大都日期	備　注
武宗海山	至大三年	三月十四日(壬辰)	九月十二日(丙戌)	
武宗海山	至大四年	正月八日(庚辰)武宗病死於大都	三月十八日(庚寅)仁宗即位於大都	閏七月仁宗由上都啟程南返大都
仁宗愛育黎拔力八達	皇慶元年	四月八日(癸酉)	八月十七日(庚辰)	
仁宗愛育黎拔力八達	皇慶二年	四月十六日(乙亥)	八月十日(丁卯)	
仁宗愛育黎拔力八達	延祐元年	三月二十四日(戊申)	八月七日(戊子)	
仁宗愛育黎拔力八達	延祐二年	四月二十八日(乙巳)	八月十三日(已丑)	
仁宗愛育黎拔力八達	延祐三年	三月二十一日(癸亥)	八月九日(已卯)	
仁宗愛育黎拔力八達	延祐四年	三月二十五日(辛卯)	八月三日(丙申)	
仁宗愛育黎拔力八達	延祐五年	四月二十八日(戊午)	八月十二日(庚子)	
仁宗愛育黎拔力八達	延祐六年	四月十五日(庚子)	八月十八日(庚子)	
仁宗愛育黎拔力八達	延祐七年	正月二十一日(辛丑)仁宗病死於大都	三月一日(庚辰)英宗即位於大都	
英宗碩德八剌	延祐七年	四月十九日(戊辰)	十月十三日(戊午)	
英宗碩德八剌	至治元年	三月八日(辛巳)	九月二十七日(丁酉)	
英宗碩德八剌	至治二年	四月一日(戊戌)	五月英宗由上都前往五臺山	八月返回大都
英宗碩德八剌	至治三年	三月一日(壬辰)	八月四日(癸亥)英宗在上都南坡遇刺	

元朝皇帝巡幸上都日期表				
帝　名	年　代	從大都啟程日期	返回大都日期	備　注
泰定帝也孫鐵木兒	至治三年	九月四日(癸巳)泰定帝即位於龍居河	十一月十三日(辛丑)泰定帝至大都	
泰定帝也孫鐵木兒	泰定元年	四月九日(甲子)	八月二十四日(丁丑)	
泰定帝也孫鐵木兒	泰定二年	三月十五日(乙丑)	九月六日(癸丑)	
泰定帝也孫鐵木兒	泰定三年	二月二十九日(甲辰)	九月十九日(庚申)	
泰定帝也孫鐵木兒	泰定四年	三月二十五日(壬戌)	閏九月四日(已巳)	
泰定帝也孫鐵木兒	泰定五年	三月二十五日(戊子)	七月十日(庚午)泰定帝病死於上都	
文宗圖帖睦爾	天歷元年(至和元年)	九月十三日(壬申)文宗即位於大都	十月十三日(辛丑)上都倒剌沙等人奉皇帝玉璽出降	
文宗圖帖睦爾	天歷二年	八月十五日(已亥)文宗復即位於上都	九月十三日(丁卯)	正月二十八日和世瑓在和林即位，八月二日死於旺兀察都
文宗圖帖睦爾	至順元年	五月十八日(戊辰)	八月十一日(已未)	
文宗圖帖睦爾	至順二年	五月二十二日(丙申)	八月八日(辛亥)	
文宗圖帖睦爾	至順三年	五月二十二日(庚寅)	八月十二日(已酉)文宗病死於上都	十月四日(庚子)懿璘質班即位於大都，十一月二十六日(壬辰)病逝
惠宗妥歡貼睦爾	元統元年(至順四年)		六月八日(已巳)惠宗即位於上都	

元朝皇帝巡幸上都日期表				
帝　名	年　代	從大都啟程日期	返回大都日期	備　注
惠宗妥歡貼睦爾	元統二年	四月	九月六日（辛卯）	
惠宗妥歡貼睦爾	至元元年	五月七日(戊子)	九月	
惠宗妥歡貼睦爾	至元二年	四月二十二日(戊戌)	九月二十六日(戊辰)	
惠宗妥歡貼睦爾	至元三年	四月九日(己卯)	八月	
惠宗妥歡貼睦爾	至元四年	四月十四日(己卯)	八月	
惠宗妥歡貼睦爾	至元五年	四月	八月一日（丁亥）	
惠宗妥歡貼睦爾	至元六年	五月二十四日(丙子)	八月	
惠宗妥歡貼睦爾	至正元年	四月	八月	
惠宗妥歡貼睦爾	至正二年	四月	九月三日(辛未)	
惠宗妥歡貼睦爾	至正三年	四月	八月	
惠宗妥歡貼睦爾	至正四年	四月	八月	
惠宗妥歡貼睦爾	至正五年	四月	八月	
惠宗妥歡貼睦爾	至正六年	四月十九日（丁卯）	八月	
惠宗妥歡貼睦爾	至正七年	四月十九日（辛卯）	九月九日（戊申）	
惠宗妥歡貼睦爾	至正八年	四月	八月	
惠宗妥歡貼睦爾	至正九年	四月	八月	
惠宗妥歡貼睦爾	至正十年	四月	八月	
惠宗妥歡貼睦爾	至正十一年	四月	八月	

元朝皇帝巡幸上都日期表				
帝　名	年　代	從大都啟程日期	返回大都日期	備　注
惠宗妥歡貼睦爾	至正十二年	四月	八月	
惠宗妥歡貼睦爾	至正十三年	四月	八月	
惠宗妥歡貼睦爾	至正十四年	四月	八月	
惠宗妥歡貼睦爾	至正十五年	四月	八月	
惠宗妥歡貼睦爾	至正十六年	四月	八月	
惠宗妥歡貼睦爾	至正十七年	四月	八月	
惠宗妥歡貼睦爾	至正十八年	四月	八月	十二月九日關先生、破頭潘攻占上都，燒宮闕
惠宗妥歡貼睦爾	至正十九年			是年，因上都宮闕盡廢，停止巡幸

【附録二】

憲宗元年(1251)

六月，蒙哥汗即位，命忽必烈治理漠南漢地。

忽必烈在金蓮川建立幕府。

憲宗六年(1256)

春，忽必烈命僧子聰在桓州東，灤水北建開平城，營造宮室。

附録二：元上都大事年表（20）

冬，忽必烈駐合剌八剌合孫之地。

憲宗八年(1258)

在開平城内東北隅建大龍光華嚴寺。

夏，佛、道兩教在開平進行大辯論。

十一月三日，忽必烈受命率軍攻宋，在開平城東北禡牙後啟行。

中統元年(1260)

三月一日，忽必烈至開平。合丹等率西道諸王、塔察兒等率東道諸王來會，舉行忽裏臺，推舉忽必烈為大汗。二十四日，忽必烈即位(元世祖)。

四月，立中書省，以王文統為平章政事，張文謙為左丞。

五月，置十路宣撫司。七日，發郎國使者至開平朝見忽必烈。

七月，改燕京宣尉司為燕京行省。忽必烈率軍北上征阿裏不哥。

十二月，忽必烈從和林回師，駐燕京近郊。

中統二年(1261)

二月十四日，忽必烈從燕京赴開平。詔燕京行省官和各路宣撫使赴開平議政。

六月，高麗國王禃之子王諶與參政李藏用等抵開平。

八月七日，命開平守臣祭奠孔子於宣聖廟。燕京行省官由開平南返。

九月，置和糴所於開平。

秋，忽必烈率大軍北征阿裏不哥。

十一月，忽必烈率漢軍諸萬戶和武衛軍返駐潮河川。

中統三年(1262)

二月，將興州、松山縣、望雲縣劃歸開平府。

五月，自燕京至開平立牛驛。

閏九月，順州至開平置六驛。

十一月，升撫州為隆興府。

十二月，在撫州建行宮。

中統四年(1263)

四月，宣德至開平置驛。

五月九日，升開平府為上都。置上都路總管府。立上都馬、步驛。

六月，立上都惠民藥局。

八月，升宣德州為宣德府，隸上都。

是年，忽必烈正式實行兩都巡幸制。

至元元年(1264)

二月，詔諸路總管史權等二十三人赴上都參加大朝會。

七月，阿裏不哥率衆來降。在上都召開大朝會(忽裏臺)，宣布對阿裏不哥及其黨羽的處理。

八月，詔改燕京為中都，改中統五年為至元元年。

十月，禁止上都畿内捕獵。

至元二年(1265)

五月，敕上都商稅、酒醋諸課毋徵，其榷鹽仍舊，諸人自願徙居永業者，復其家。

至元三年(1266)

七月，詔上都路總管府，遇皇帝巡幸，行留守司事；皇帝還大都，仍掌總管府事。

是年，以上都承應闕宮，增置行司天監。

至元九年(1272)

二月，改中都為大都。

至元十年(1273)

四月，宋襄陽守將呂文煥降元，到上都朝覲忽必烈。驛召姚樞、許衡、徒單公履等至上都商討攻宋方略。

十二月，始建大安閣。

是年，馬可波羅之父尼古剌與叔父瑪竇抵上都。

至元四年(1267)

正月，析上都隆興府自為一路，行總管府事。

五月，敕上都重建孔子廟。

是年，上都華嚴寺第一代住持僧至溫病逝於桓州天宮寺。

至元五年(1268)

正月，上都建城隍廟。

七月，召翰林直學士高鳴等赴上都。

至元六年(1269)

二月，罷宣德府稅課所，以上都轉運司兼領。

六月，高麗國王王禃遣子王愖至上都朝見忽必烈。

至元七年(1270)

五月，以上都地理遥遠，商旅往來不易，特免收稅課。

至元八年(1271)

十一月，建國號大元。上都萬安閣成。

至元十一年(1274)

五月，命北京、東京等路新簽軍恐不宜暑，權駐上都。

六月，免上都、隆興兩路簽軍。

七月，高麗國王王禃死，命同知上都留守司事張煥冊封王愖為高麗國王。伯顏等將領率師從上都出征南宋。

八月，劉秉忠在上都南屏山病逝。

是年，在上都建乾元寺、太一宫。

至元十二年(1275)

五月，伯顏奉詔從江南至上都，陳述平宋戰略。

八月，伯顏離上都南下。

是年，馬可波羅至上都，朝見忽必烈。

至元十三年(1276)

三月，命上都和雇和買按着大都常例實行。

閏三月，命副樞張易遣宋降臣吳堅，夏貴等赴上都。

四月，令水達達分地歲輸皮革在上都交納。召姚樞、王磐、徒單公履赴上都。

五月初一，伯顏擕宋帝趙㬎等至上都，

忽必烈在大安閣接見亡宋君臣，封趙顯為瀛國公。以平宋遣官祭告天地、祖宗於上都近郊。

九月，召宋宗室子弟趙與票至上都，授為翰林待制。

是年，置衹哈赤八剌哈孫達魯花赤，守護東涼亭行宮。

六月，罷上都奥魯官，以留守司兼管奥魯事。

八月，高麗國王王賰至上都，忽必烈在察罕腦兒行宮會見王賰等人。

至元十八年(1281)

二月，立上都留守司。

八月，設醮於上都壽寧宮。

至元十四年(1277)

正月，括上都、隆興、北京、西京四路獵戶二千為兵。

二月，命征東都元帥洪茶丘將兵二千赴上都，北京選福住所統 軍三百赴上都。

五月，龍崗失火，有人建議遷都，遭廉希憲等反對而止。

八月，忽必烈在上都之北狩獵。

是年，立上都通政院，建崇真萬壽宫。

至元十五年(1278)

七月，免上都守城軍二千人為民。

至元十六年(1279)

二月，太史令王恂等請在上都、洛陽等五處立儀象圭表。

三月，郭守敬由上都歷大都，河南抵南海，測驗晷景。

四月，以上都軍四千衛都城，凡他所來戍者皆遣歸。

五月，忽必烈命張留孫在行宫作醮事，歷時五晝夜。

至元十七年(1280)

五月，在察罕腦兒建立行宮。

九月，給鈔賑上都饑民。

十月，上都南四站人畜困乏，賜鈔賑濟。

至元十九年(1282)

二月，改上都宣課提領為宣課提舉司。

七月，發察罕腦兒軍千人治縉山道。

十一月，上都建利用庫。

十二月，命宋亡君趙顯定居上都。

至元二十年(1283)

正月，發鈔三千錠糴糧於察罕腦兒，以給軍匠。罷上都圃易庫。

四月，高麗使者趙仁規至上都。

五月，免五衛軍征日本，發萬人赴上都。

六月，差遣五衛軍人修築行殿外牆。

七月，命上都商稅六十分取一。

十月，忽必烈由上都經古北口路囬大都。

十二月，給鈔四萬錠和糴於上都。

至元二十一年(1284)

四月，以鈔萬錠市於別失八裏、河西、上都。高麗國王王賰攜公主與兒子到上都朝見忽必烈。

至元二十二年(1285)

正月，設立上都路群牧都轉運使司。

三月，詔依舊制，凡鹽一引四百斤，價銀十兩，以折今鈔為二十貫，商上都者，六十而税一。立上都規措所回易庫。

四月，監察御史陳天祥彈劾中書右丞盧世榮罪惡，詔世榮、天祥皆赴上都。

五月，減上都商税。

四月，免今歲銀俸鈔，在上都、大都等路者一萬一百八十錠。以鈔二千五百錠賑昌平至上都站戶貧乏者。

十月，增上都留守司副留守、判官各一員。

十一月，禁上都釀酒。

十二月，命帝師西僧作佛事於察罕腦

至元二十三年(1286)

十月，中書省向忽必烈上報上都留守司存減員數。

至元二十四年(1287)

三月，忽必烈巡幸涼陘。

五月十二日，東道蒙古宗王乃顏反叛，忽必烈親率大軍自上都出發征討。

八月七日，忽必烈返回上都。

至元二十五年(1288)

三月，忽必烈經孛落驛路至上都，途中駐野狐嶺。

五月，營建上都城内倉庫。

六月，禁上都、桓州、應昌、隆興釀酒。

十二月，命上都募人運米萬石至和林。

至元二十六年(1289)

七月一日，忽必烈率軍北征叛王海都。二十四日，發侍衛親軍萬人赴上都。

八月，諸王鐵失、孛羅帶所部皆饑，命上都留守司、遼陽省發粟賑之。

至元二十七年(1290)

二月，發虎賁更休士二千人赴上都修城。

兒、桓州南屏庵等所。

至元二十八年(1291)

正月，雇民運米十萬石至上都，官價每石四十兩。

二月，以上都虎賁士二千人屯田，官給牛具農器。

五月，賑上都、桓州等站饑民。

十一月，升宣德龍門鎮為望雲縣，劃歸雲州。

至元二十九年(1292)

正月，桓州至赤城站戶告饑，給鈔計口賑之。

三月，上都、隆興等路供億比其他路繁重，宜免今歲公賦。

六月，升上都兵馬司為正四品。

十月，解除上都酒禁。

十一月，增調侍衛軍一千人赴上都虎賁親軍都指揮使司屯田司屯田。

至元三十年(1293)

二月，命上都管倉庫無資品俸秩者，宜於六品、七品内委用，以俸給之。增上都屯田軍千人，給農具、牛價錢五千錠。

三月，平章政事李庭率諸軍扈從上都。

五月，中書省臣上奏：上都工匠二千九百九十九戶，歲用官糧一萬五千二百餘石。

十一月，上都留守司同知孫民獻獲罪，命籍其家產、妻奴。

至元三十一年(1294)

正月二十二日，忽必烈病死於大都。

免上都酒課三年。

十月，減上都商稅歲額為三千錠。

十二月，免上都至大都并宣德等十三站戶和雇和買。

是年，立虎賁衛親軍都指揮使司。

大德二年(1298)

五月，給上都八剌哈赤鈔三千錠。

四月二日，鐵穆耳由漠北至上都。十四日，鐵穆耳即位於大安閣，遣司徒兀都帶等請謚於上都南郊。高麗國王王賰和王妃忽都魯揭裏迷失至上都參加鐵穆耳即位忽裏臺。

五月，始開醮祠於壽寧宮。

元貞元年(1295)

二月，立雲州銀場都提舉司，秩四品。

九月，給桓州甲匠糧千石。

元貞二年(1296)

正月，詔免兩都站戶和雇和買。命西平王奧魯赤今夏居上都。

二月，命札剌而、忽都虎所部戶居於奉聖、雲州者，與民均供徭役。

五月，免兩都徭役。詔諸王、駙馬及有分地功臣戶，居上都、大都、隆興者，與民均納供需。

七月，以虎賁軍三百人戍應昌。

大德元年(1297)

二月，免上都、大都、隆興差稅三年。

六月，令各部宿衛士輸上都糧食一萬五千石於北地。

七月，以八兒思秃糧倉隸上都留守司。

是年，召郭守敬至上都主持開鑿鐵幡竿渠。

大德三年(1299)

夏，上都大雨，山洪暴發，漂沒人畜廬帳，行殿受到水災威脅。

大德四年(1300)

四月，免今年上都、隆興絲銀。

六月，高麗國王王賰至上都朝見元成宗。

七月，緬國木連城首領阿散哥也之弟者蘇至上都。

十一月，免上都、大都、隆興五年絲銀、稅糧。

大德五年(1301)

二月，賜上都乾元寺地九十頃，鈔一萬五千錠。

七月，賜上都工匠等鈔二十一萬七千四百錠。

八月，灤河溢。召見正一教三十八代天師張與材於上都幄殿。

大德六年(1302)

四月，上都大水民饑，減價糶糧萬石進

行賑濟。

是年，申明稅糧、絲料科差條例，復定上都輸納之期。

大德七年(1303)

二月，上都留守木八剌沙升為中書平章政事。命西京也速迭而軍及大都所起軍，皆以四月至上都，五月赴北。詔除徼邊軍士及兩都站戶外，其餘人戶均當徭役。

五月，開上都、大都酒禁，所隸兩都州縣及山後等地曾告饑者，仍實行酒禁。疏通上都灤河。詔上都、甘肅、和林諸處非產米之地，官吏無職田者，俸米按價給鈔。

閏五月，詔上都路等處依內郡禁酒。

七月，都哇、察八而等西北諸王遣使至上都議和。

大德八年(1304)

正月，免上都、隆興等路受災人戶差稅二年。

四月，命國子監分教國子生於上都。

大德九年(1305)

二月，免大都、上都、隆興差稅一年。

七月，給大都至上都十二驛鈔一萬一千二百錠。

大德十年(1306)

三月，釋放上都死囚三人。

大德十一年(1307)

正月初八日，成宗病死於大都。

五月一日，海山率軍自漠北至上都。次日，海山母答己與弟愛育黎拔力八達自大都來會。舉行由左右部諸王參加的忽裏臺，廢成宗後卜魯罕，處死安西王阿難答、諸王明裏鐵木兒。二十一日，海山即帝位(元武宗)，受百官朝賀於大安閣。免上都、大都、隆興差稅三年。

六月初一日，詔立愛育黎拔力八達為皇太子。二日，建行宮於旺兀察都，立宮闕為中都。

樞密院請以軍二千繕修上都鷹坊與官廨。

八月，中書省臣奏言，因朝會賜予，兩都儲存的鈔幣已空。

十二月，命大都、上都驛站，設敕授官二員，其他驛站一員。

至大元年(1308)

二月，調上都衛軍三千人，赴旺兀察都行宮工役。

五月，禁止蒙古諸王和西番僧扈從上都途中擾民。

七月，旺兀察都行宮建成，立中都留守司兼開寧路都總管府。解除上都酒禁。

十一月，開寧路及宣德、雲州工役，供億浩繁，增免賦稅一年。

至大二年(1309)

九月，徙上都、中都、大都舊盜於水達達、亦剌思等地耕種。

至大三年(1310)

二月，發鈔百萬錠至上都，備夏季朝會使用。

四月，立怯憐口諸色人匠都總管府，秩正三品，提舉司二，分治大都、上都，秩正五品。

六月，省上都留守司官七員。立上都、中都等處銀冶提舉司，秩正四品。命今年諸王、妃主朝會，賞賜如至大元年例。西北諸王察八兒等來朝。

九月，上都民饑，遣刑部尚書撒都丁發粟萬石，降價出售，進行賑濟。

年。

閏三月，遣人巡視大都至上都皇帝駐蹕地點，有侵民田者，計畝給錢。

六月，命蒙古諸王、貴戚入朝，宜趁夏季芻牧至上都，勿隨意入大都。

延祐二年(1315)

六月，察罕腦兒諸驛乏食，給糧賑濟。

至大四年(1311)

正月初八日，武宗病死於大都。

三月十八日，愛育黎拔力八達在大都即位(元仁宗)。

四月，罷中都留守司，復置隆興路總管府。免大都、上都、隆興差稅三年。

六月，省上都兵馬指揮為五員。罷祗哈赤・八剌合孫(東涼亭)所造上供酒。

七月，裁減虎賁司官員。賜上都宿衛士貧乏者鈔十三萬九千錠。

閏七月，上都立通政院，管理蒙古驛站，秩正二品。

皇慶元年(1312)

四月，置察罕腦兒捕盜司，秩從七品。

五月，給上都、灤陽驛馬三百匹，縉山縣行宮建涼殿。

皇慶二年(1313)

六月，上都民饑，出米五千石減價賑濟。

十一月，命漢人、南人、高麗人宿衛，分司上都，勿給弓矢。

延祐元年(1314)

正月，改元延祐，免上都、大都差稅二

七月，雲需總管府增同知二員。改祗合赤・八剌合孫總管府為尚供府。

是年，置雲需總管府，秩正三品。

延祐三年(1316)

正月，賜上都開元寺江浙田二百頃，華嚴寺百頃。

四月，以上都留守憨剌合兒為知樞密院事。

九月，將上都宣德府奉聖州懷來、縉山二縣劃歸大都路。

延祐四年(1317)

五月，授上都留守闊闊出開府儀同三司、大司徒。

延祐五年(1318)

二月，命上都諸寺、權豪商販貨物，并輸稅課。

七月，置餼廩司，秩正八品，隸上都留守司。

延祐六年(1319)

三月，給鈔賑濟上都、西番諸驛。免大都、上都、興和、大同今年租稅。

四月，命京師諸司官吏運糧輸上都、興

和，賑濟蒙古饑民。

六月，賜大乾元寺鈔萬錠，供繕修之費，升其提點所為總管府，秩正三品。

七月，增置上都警巡院和開平縣官各兩員。

十月，上都民饑，發官粟萬石減價出售，進行賑濟。

十二月，免大都、上都、興和延祐七年差

二月，調軍三千五百人修上都華嚴寺。

五月，毀上都回回寺，以其地造帝師殿。修佛事於大安閣。作行殿於縉山流杯池。

六月，作金浮屠於上都，藏佛舍利。龍虎山張嗣成到上都朝見英宗，授太玄輔化體仁應道大真人。以上都留守祇兒哈郎為中書平章政事。

稅。赦上都、大都冬夏設食於路。

延祐七年(1320)

正月二十一日，仁宗病死於大都。

二月，皇太子碩德八剌命儲糧於宣德、開平、和林諸倉，以備賑貸供億。罷上都乾元寺規運總管府。以遼陽、大同、上都、甘肅官牧羊馬牛駝給北方民戶。決開平重囚。

三月十一日，碩德八剌在大都即位(元英宗)。裁減上都留守司留守五員。

五月，上都留守賀伯顏被處死。賑濟上都城門衛士和駐冬衛士。

七月，命玄教宗師張留孫修醮事於崇真宮。英宗從上都北巡漠北。

八月，英宗巡幸涼亭。賜上都駐冬衛士鈔四百萬貫。召見正一派三十九代天師張嗣成。

九月，解除上都，嶺北等地酒禁。

十月，在上都為皇后作鹿頂殿。

十二月，免大都、上都、興和三路差稅三年。

至治元年(1321)

正月，召高麗國王王璋赴上都。

七月，修上都城。

八月，上都鹿頂殿建成。中書平章政事鐵木兒脫罷為上都留守。

至治二年(1322)

二月，停建上都歇山殿和帝師寺。

三月，賑上都十一驛。

五月，英宗由上都前往五臺山。

六月初一日，英宗至五臺山，禁扈從宿衛，勿踐踏民田。

十一月，宣德府宣德縣地震，賑受災者糧、鈔。

十二月，命上都、大都照舊營繕。

至治三年(1323)

正月，罷上都、雲州、興和、宣德等地諸金銀冶，聽民採煉，以十分之三輸官。增置上都留守司判官二員，以漢人為之，專掌刑名。

二月，修建上都華嚴寺、八思巴帝師寺和拜住住宅，役軍六千二百人。修野狐、桑乾驛道。

五月，英宗幸大安閣。上都利用監庫失火，英宗令衛士撲滅。

【瓷藏館物博術藝族民元上古蒙内】

六月，留守司以雨請修都城，英宗下旨說：“今年不宜大興土工，可略加修繕”。

八月五日，英宗南返大都，在上都南三十里的南坡店過夜，鐵失與知樞密院事也先帖木兒等十六人，以阿速衛兵為外援，殺死中書右丞相拜住和英宗。

九月四日，也孫鐵木兒(成宗兄甘麻剌之子)即皇帝位於龍居河，稱泰定帝。

十一月一日，泰定帝至中都，修佛事於昆剛殿。十三日，泰定帝至大都。

泰定元年(1324)

五月，赦上都囚犯笞罪以下者。

六月，作禮拜寺於上都和大同路，給鈔四萬錠。大幄殿成，作鎮雷坐靜佛。修黑牙蠻答哥佛事於水晶殿。泰定帝受佛戒於帝師。

七月，熒星於上都司天監。

九月，將宣德府仍劃歸上都留守司管轄。

十一月，建歇山鹿頂樓於上都。大都、上都、興和等路十三驛饑，賑鈔八千五百錠。

泰定二年(1325)

閏正月，修野狐嶺、色澤、桑乾道路。

七月，熒星於上都司天監。修大乾元寺。

八月，修上都香殿。

十一月，以歲饑罷皇后上都營繕。

泰定三年(1326)

五月，修上都復仁門。

七月，皇后受牙蠻答哥戒於水晶殿。泰定帝至大乾元寺。敕鑄五方佛銅像。發兵修野狐、色澤、桑乾三嶺道。

八月，泰定帝駐蹕中都，獵於旺兀察都之地。

九月，增設上都留守司判官兩員兼推官。解除上都、大都、興和酒禁。

十一月，徙上都清寧殿於伯亦兒行宮。

泰定四年(1327)

二月，以尚供總管府和雲需總管府隸上都留守司。

六月，罷兩都營繕工役。

八月，伯亦斡耳朵作欽明殿成。

九月，阿察赤的斤獻木綿大行帳。

十一月，召雲南王帖木兒不花赴上都。

天曆元年(1328)

七月十日，泰定帝病死於上都。十一日，修佛事於欽明殿。中書左丞相倒剌沙與梁王王禪等人密謀推舉泰定帝子阿剌吉八繼承帝位。

八月初四，燕鐵木兒謀立武宗之子，在大都發動宮廷政變，捕平章政事烏伯都剌、伯顏察兒等人。二十七日，武宗次子圖帖睦爾從江陵返回大都。二十九日，王禪等率上都軍進至榆林。

九月一日，燕鐵木兒到居庸關督戰。撒敦率大都軍擊退上都軍。十三日，圖貼睦爾在大都即位，稱文宗，改元天歷。同月，倒剌沙等在上都立阿剌吉八為帝，改元天順。下旬，上都軍與大都軍在大都之北白浮之野激戰，上都軍敗退，大都軍追至昌平北，斬首數千級，降者萬餘人。與此同時，大都軍在古北口、薊州等戰役中均取得勝利。

十月初，齊王月魯帖木兒、東路蒙古元帥不花帖木兒等從遼東出兵包圍上都。十三日，倒剌沙等人奉皇帝玉璽出降。月魯帖木兒等收繳上都諸王符印，核查上都倉庫錢谷。文宗詔令："上都官吏，自八月二十一日以後擢用者，并追收其制"。二十五日，倒剌沙及其黨羽王禪、馬某沙、紐澤、撒的迷失，也先鐵木兒等均被處死。

天歷二年(1329)

正月，文宗下詔，上都官吏除初入仕和驟升者罷免外，其他人仍復舊職。二十八日，武宗長子和世㻋即位於和寧之北，稱明宗。

二月，上都、雲需兩府告饑。

三月，文宗遣右丞相燕鐵木兒奉皇帝玉璽北迎明宗。明宗率衆南下，預定在上都召開忽裏臺，命有司準備所需錢物。上都積貯，已為倒剌沙所耗。

四月初六日，燕鐵木兒到明宗途中住帳獻上皇帝玉璽。十六日，明宗立圖帖睦爾為皇太子。

五月二十一日，圖帖睦爾由大都北上迎接明宗。發糧賑濟上都迭祇諸位宿衛士及開平縣受兵亂之害的民戶。

六月二十四日，圖貼睦爾至六十里店。二十三日，明宗至曲雕阿蘭。二十五日，明宗至哈兒哈納禿。

七月二日，圖帖睦爾至三十里店(南坡)。二十一日，授圖帖睦爾皇太子寶。九日，明宗至孛羅火你之地。二十日，至不羅察罕之地。二十三日，至小祇之地。

八月一日，明宗至旺兀察都。二日，圖貼睦爾入見明宗。六日，燕鐵木兒毒死明宗，以皇后命奉皇帝玉璽授圖帖睦爾。燕鐵木兒、圖帖睦爾東還上都。八日，至孛羅察罕。九日至上都。十五日，圖帖睦爾復即位於大安閣，遣毛穎達祭遁甲神於上都南屏山。留燕鐵木兒、阿榮在上都向諸王 、百官賞賜金幣。以馬扎兒臺為上都留守。二十五日，文宗由上都出發南返大都。

九月，上都西按塔罕、闊斡忽剌禿之地，以兵、旱，民告饑，賑糧一月。

十月，大都至上都并塔思哈剌、旭麥怯諸驛，自備首思，供給繁重，天歷三年由官府員擔。

十二月，賑濟上都留守司八剌哈赤二千二百餘戶、燭剌赤八百餘戶糧三個月，鈔若干。改上都饅頭山為天歷山。

至順元年(1330)

七月，蒙古百姓以饑乏至上都者，閱口數給以行糧，俾各還所部。上都留守馬兒牽連將作使鎖住一案，被處死。

閏七月，衛士上都駐冬者，所給糧以三分為率，二分給鈔。文宗將由上都南還，命上都兵馬司官二員，率兵士由偏嶺至明安巡邏，以防盜賊。察罕腦兒并東、西涼亭諸衛士九百五十人，人賜鈔五錠，糧二月。上

都歲作佛事一百六十五所，定為一百零四所，令有司永為歲例。

十月，樞密院官奏言："每歲大駕幸上都，發各衛軍士千五百人扈從，又發諸衛漢軍萬五千人駐山後，蒙古軍三千人駐官山，以守關梁。乞如舊數調遣，以俟來年。"

十一月，賑濟上都灤河駐冬各宮分怯憐

【瓷藏館物博術藝族民元上古蒙內】

口一萬五千七百戶糧二萬石。

至順二年(1331)

二月，以上都留守乃馬臺行嶺北行樞密院事。修上都洪禧、崇壽等殿。

三月，文宗將幸上都，命僧作佛事於乘輿次舍之所。

四月，命興和建屋居海青，上都建屋居鷹鶻。

五月，賑灤陽、桓州、李陵臺、昔寶赤、失八兒禿五驛鈔各二百錠。

八月，賜上都孔子廟碑。

十一月，左、右欽察衛軍士一千四百九十戶饑，命上都留守司賑濟。

至順三年(1332)

正月，詔上都留守司為燕鐵木兒建住宅。

七月，以車坊官園賜伯顏。命僧於鐵幡竿修佛事，施金百兩，銀千兩、幣帛各五百匹，布二千疋，鈔萬錠。

八月，賜護守上都宮殿衛卒二千二百二十九人。十二日，文宗病死於上都。

十月四日，懿璘質班在大都即帝位，稱寧宗，詔免大都、上都、興和三路差稅三年。

十一月二十六日，寧宗懿璘質班病死。

元統元年(1333)

六月八日，妥歡帖睦爾在上都即帝位，是為惠宗(順帝)。命伯顏為中書右丞相，撒敦為左丞相。

十月，改年號為元統。

元統二年(1334)

二月，東涼亭受雹災，詔上都留守發倉儲糧賑濟。

三月，中書省臣上奏："興和路起建佛事，一路所費，為鈔一萬三千五百三十餘錠。請從上都、大都例，給繕僧錢，節其冗費"。詔從之。

四月，罷龍慶州黑嶺道上勝火兒站。是月開始，惠宗時巡上都。

七月七日，惠宗幸大安閣，是日，宴侍臣於奎章閣。二十一日惠宗幸楠木亭。

至元元年(1335)

六月三十日，唐其勢、塔剌海等人伏兵上都東郊，突入宮內發動兵變，伯顏等率軍將其捕殺。

七月，伯顏殺皇后答納失裏於開平民舍。二十八日，處死唐其勢黨羽答裏、剌剌，并發布詔書宣揚伯顏功勛、揭示燕鐵木兒家族罪惡。

十一月，改元統三年為至元元年。

至元二年(1336)

三月，將撒敦在上都的住宅賜給太保定

住。

七月，敕賜上都孔子廟碑，載累朝尊崇之意。

至元三年(1337)

五月，興州、松州民饑，禁上都、興和造酒。

七月八日，惠宗巡幸失剌斡耳朵。次日，

至龍崗，灑馬奶祭天。十日，召朵兒只國王至上都入朝。十四日，幸乾元寺。

十一月，發鈔一萬五千錠，賑濟宣德等處地震死傷者。

至元四年(1338)

八月，宣德府地大震。改宣德府為順寧府，奉聖州為保安州。

至元五年(1339)

正月，桓州饑，賑鈔二千錠。雲需府饑，賑鈔五千錠。開平縣饑，賑米兩月。三月，灤河住冬怯憐口民饑，每戶賑糧一石、鈔二十兩。七月，開上都、興和等處酒禁。

至元六年(1340)

五月二十四日，惠宗啟程巡幸上都。

六月，詔撤文宗廟主，徙太皇太后不答失裏於東安州，流放太子燕帖古思於高麗。

是年，監察御史崔敬上疏，諫惠宗巡幸上都宜居內殿。

至正元年(1341)

正月，改年號為至正。上都宮學學舍從宮門外遷至玉德殿西殿，惠宗親選宿衛及勛戚子弟三十為學員。

至正二年(1342)

七月，立司獄司於上都，職品如大都兵馬司。以馬黎諾裏為首的羅馬教皇使團抵達上都。在慈仁殿朝見惠宗，使團向惠宗貢拂郎國異馬一匹。

八月，罷上都事產提舉司。

至正三年(1343)

四月至八月，惠宗巡幸上都。

至正四年(1344)

七月，灤河水溢。

至正五年(1345)

十月，命奉使宣撫巡行各地，上都留守阿牙赤巡甘肅永昌道。

至正六年(1346)

四月十九日至八月，惠宗巡幸上都。

至正七年(1347)

三月，修上都大乾元寺。

九月，上都斡耳朵成，用鈔九千餘錠。

至正八年(1348)

二月，左丞相太平上奏："勃答、乃禿、忙兀三處屯田，世祖朝以行營舊站拔屬虎賁司，後為豪有力者所奪，遂失其利。今宜仍前撥還。"從之。

六月，立司天臺於上都。

至正九年(1349)

四月至八月，惠宗巡幸上都。

至正十年(1350)

四月至八月，惠宗巡幸上都。

至正十一年(1351)

四月至八月，惠宗巡幸上都。

至正十二年(1352)

正月，拘刷河南、陕西、遼陽三省及上都、大都、腹裏等處漢人馬匹。

三月，命工部尚書朵來，兵部侍郎馬某火者到上都、察罕腦兒、集寧等處給出征河

【内蒙古上元民族藝術博物館藏瓷】

【瓷藏館物博術藝族民元上古蒙内】

南的蒙古軍發放口糧。

至正十三年(1353)

正月，重建穆清閣，連延數百間。

六月，立皇子愛猷識理達臘為皇太子。

至正十四年(1354)

五月，詔修砌北巡所經色澤嶺、黑石頭河西沿山道路，創建龍門等處石橋。

七月，詔免大都、上都、興和三路今年税糧。

九月，賜建穆清閣工匠皮衣各一領。

至正十五年(1355)

正月，上都民饑，賑糶米二萬石。復設仁虞、雲需、尚供三總管府。

閏正月，上都路民饑，詔嚴酒禁。

至正十六年(1356)

四月至八月，惠宗巡幸上都。

至正十七年(1357)

四月至八月，惠宗巡幸上都。

至正十八年(1358)

十二月九日，關先生、破頭潘率紅巾軍攻克上都城，焚燒宮闕，屯駐七日後北攻全寧，又轉攻遼陽、高麗。

至正十九年(1359)

是年，因上都宮闕被燒毀，惠宗不再巡幸上都。

至正二十年(1360)

二月，陽翟王阿魯輝帖木兒發動兵變，擁兵數十萬騷動北邊，勢逼上都。中書左丞相太平罷為太保，守上都。

三月，元廷命孛羅帖木兒進攻占據上都的農民起義軍程思忠部，思忠率軍退走。

九月，紅巾軍再次進攻上都，右丞忙哥帖木兒引兵出戰，敗退。

是年，元廷命知樞密院事禿堅帖木兒進討阿魯輝帖木兒，出戰失利，軍士皆潰，逃回上都。

至正二十一年(1361)

九月，知樞密院事老章率軍擊敗阿魯輝帖木兒，阿魯輝帖木兒被擒送大都，處死。

是年，遼陽行省左丞相也速遣右丞忽林赤提兵護上都，擊退農民軍的進攻。

至正二十二年(1362)

五月，惠宗準備修復上都宮殿，中書參知政事陳祖仁上奏章勸止。

至正二十三年(1363)

春季，關先生餘部自高麗返回，攻襲上都，被孛羅帖木兒擊降。

至正二十四年(1364)

中書右丞相孛羅帖木兒以兵包圍上都城，上都留守達禮麻識裏率八剌哈赤、虎賁司衛軍守城，嚴陣以待。

至正二十五年(1365)

七月,孛羅帖木兒命禿堅帖木兒以兵攻上都,達禮麻識裏巡視上都城,夜遣死士順城牆而下,燒毀敵軍攻城用具。上都副留守禿魯迷失海牙引兵由小東門出, 在龍崗擊敗禿堅帖木兒軍。不久,惠宗派人在大都刺死孛羅帖木兒。

十二月,禿堅帖木兒被處死。

是年,皇太子愛猷識理達臘在冀寧,命立上都分省,達世帖木兒為平章政事,達理麻識裏為右丞。不久,廢罷。

至正二十六年(1366)

二月,河南王擴廓帖木兒從大都至河南。

至正二十七年(1367)

十月,朱元璋命徐達、常遇春率明軍北伐。

至正二十八年(1368)

閏七月二十八日夜,惠宗率三宮后妃、皇太子由大都北奔上都。扈從的官員有左丞相失列門、平章政事藏家奴、右丞定住等百餘人。

八月初二日,徐達率明軍攻克大都。十五日,惠宗一行至上都。上都經紅巾軍焚燒,宮殿官署皆毀,民居間有存者。也速獻幣二萬匹,糧五千石。二十四日,上都行樞密院乃蠻臺朝見惠宗。

九月十日,以鼎住為中書平章政事。十四日,諸王朵列納至上都。

十一月十四日,以皇太子出屯紅羅山。

十二月十三日,監察御史徐敬熙向惠宗條陣十事。

至正二十九年(1369)

正月初一日,上都元廷頒新歷於高麗,高麗國仍遣使貢歲幣如舊例。二十一日,命擴廓帖木兒為中書右丞相。命也速丞相屯兵全寧。

二月,也速率四萬騎兵抵通州,欲攻大都,不戰而退。

三月,惠宗狩獵於上都近郊。皇太子請率軍攻大都,惠宗不許,以兀魯不花為中書參知政事,王信為上都留守。

四月五日,上都元廷聽説明將常遇春率軍北上,惠宗下令加強守備。六日,也速出戰失利。十日,命忽都帖木兒為上都留守。

五月,常遇春率十萬明軍北上,敗元將江文清於錦川,至會州。

六月初五日,也速與明軍戰於全寧,敗退大帽山。惠宗急召群臣,議北上和林。十二日,明軍攻克大寧,元中書右丞脱火赤戰敗被擒。十三日,惠宗率衆北走應昌,留河南王普化、中書平章政事鼎住守上都。十七日,明軍攻占上都,宗王慶生、平章鼎住等被俘。二十日,惠宗至應昌。

至正三十年(1370)

二月,李文忠率明軍出居庸關,兵至興和,元守將以城降。明軍攻占察罕腦兒,俘元平章竹真。

四月二十八日,惠宗病死在應昌。

五月,明軍至上都,俘獲平章上都罕。李文忠聽説惠宗已死,日夜兼程北攻應昌。

【 内 蒙 古 上 元 民 族 藝 術 博 物 館 藏 瓷 】

【附録三】

（1）《草原訪古》王大方著，內蒙古大學出版社 338–341 頁
（2）世界征服者《查理曼》曉林主編，孟廣林著，黑龍江出版社 117–118 頁
（3）同（2） 121 頁
（4）虞集《賀丞相（賀勝）墓志銘》、《道園學古録》卷十八

附録三：參考書目

【瓷藏館物博術藝族民元上古蒙內】

（5）《元史》卷 127《伯顏傳》
（6）《元上都研究》葉新民著，內蒙古大學出版社
（7）詳見《元史・本記》
（8）《馬可波羅行記》上冊，馮承鈞譯本，280 頁
（9）同（8） 227 頁
（10）《元史》卷 184《崔敬傳》
（11）《中國蒙古史學會論文選集》1980 年，《元朝的蒙古族》周清樹，63–64 頁
（12）《中國通史》第七冊，范文瀾、蔡美彪等著，181 頁
（13）《中國陶瓷》馮先銘著，448 頁
（14）《中國歷代陶瓷鑒賞》劉良佑著，上冊 104 頁
（15）同（14）下冊 187 頁
（16）《中國古陶瓷圖典》馮先銘主編，393 頁
（17）《景德鎮出土元明官窰瓷器》主編梁穗，10–13 頁
（18）清藍浦《景德鎮陶録》卷五
（19）同（6） 332 頁
（20）同（6） 308 頁

《元瓷新鑒》一書，旨在研究元瓷發展史及相關的理論問題。該書在寫作過程中，得到了自治區文博界專家朋友們的大力支持幫助。伊洛先生在審閱了本書文稿後，為本書題寫了《內容評介》。古陶瓷鑒賞家，資深大收藏家沈陽柳冬青先生，至始至終關注本書的寫作，并

後　記

為本書的寫作提出了極為寶貴的意見。北京古陶瓷鑒賞家收藏家力踐先生亦為本書寫作提供了重要參考意見。

內蒙古科右前旗文物管理站福山等一批多年工作在文物考古第一綫的同志們也為本書的寫作提供了重要考古資料及若幹實物標本。

此外，還有自治區文物主管部門的很多領導、專家對本書的寫作提供了多方面的幫助。

謹在此對以上各有關主管部門、各位專家及朋友同道致以衷心謝意。

作　者

二〇〇〇年十二月於呼和浩特市

【後　記】